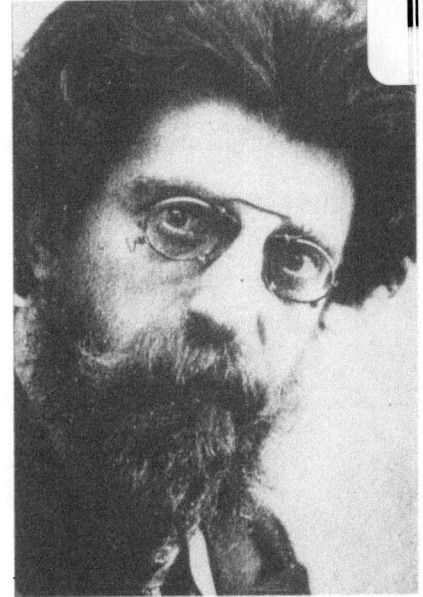

Erich Mühsam

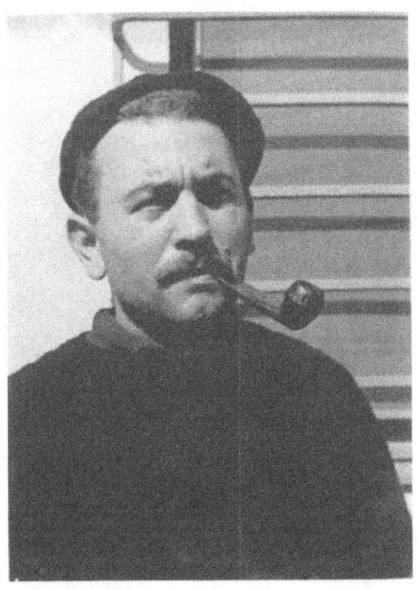

Clément Moreau (Foto: Grete Stern)

Schriften der
Erich-Mühsam-Gesellschaft
Heft 32
in Kooperation mit der
Stiftung Clément Moreau, Zürich

Clément Moreau

Nacht über Deutschland

107 Linolschnitte aus den Jahren 1937-1938

EMG 2009

Der Linolschnitt, der auf dem Titelblatt abgebildet ist, erschien unter dem Titel „Erich Mühsam zum Gedächtnis" am 10.8.1934 in der Gewerkschaftszeitung „Der Öffentliche Dienst" (Zürich) unter erstmaliger Verwendung des Pseudonyms Clément Moreau.

Herausgeberinnen:	Erich-Mühsam-Gesellschaft e. V., Lübeck, und Stiftung Clément Moreau, Zürich
Redaktion:	Jürgen-Wolfgang Goette, Sabine Kruse, Thomas Miller
© :	Erich-Mühsam-Gesellschaft und Stiftung Clément Moreau 2009; für die einzelnen Beiträge bei den Autoren und Autorinnen
Textverarbeitung:	Gerda Vorkamp, Lübeck
Herstellung:	Books on Demand GmbH, Norderstedt
ISSN:	0940-8975
ISBN:	978-3-931079-41-3
Preis:	10,– €
Informationen:	Erich-Mühsam-Gesellschaft, Buddenbrookhaus, Mengstr. 4, 23552 Lübeck
	E-Mail: info@buddenbrookhaus.de
	www.erich-muehsam-gesellschaft.de
	Stiftung Clément Moreau, c/o Thomas Miller, Turnersteig 5, CH 8006 Zürich
	E-Mail: meffert@clement-moreau.ch
	www.clement-moreau.ch

Inhaltsverzeichnis

Einleitung *(Jürgen-Wolfgang Goette/Sabine Kruse/Thomas Miller)* 6

Clément Moreau
   Nacht über Deutschland – 107 Linolschnitte 9

Thomas Miller
   Linolschnittzyklus „Nacht über Deutschland" 116

Eva Korazija
   CM und CH/Clément Moreau und die Schweiz 128

Linolschnittzyklen von Clément Moreau/Carl Meffert 136

Lebensdaten von Carl Meffert/Clément Moreau 138

Bildnachweis 142

Einleitung

In vielen Zeichnungen gestaltet Clément Moreau das Schicksal Erich Mühsams. Besonders ausdrucksstark ist sein Linolschnitt „Erich Mühsam zum Gedächtnis", der vier Wochen nach Mühsams Ermordung in der Schweiz erschien und der auf dem Titelblatt dieses Heftes abgebildet ist.

> Clément Moreau schneidet hier seine eigene Erschütterung ins Linoleum. Tief fühlt er sich in das Grauenhafte, das sein ehemaliger Nachbar erleiden musste, ein. Die Einsamkeit, die Isolation und die Demütigungen in der Fürsorgeanstalt und im Zuchthaus kannte er aus seiner eigenen Lebensgeschichte.[1]

Auf dem Linolschnitt trägt die Leiche Handschellen. Moreau verlässt damit die Ebene der Dokumentation. Er will die Absurdität der These vom Selbstmord deutlich und damit die besondere Schändlichkeit der Tat sichtbar machen. In der Mappe „Nacht über Deutschland" greift er das Thema noch einmal auf. Mit den Grafikzyklen *Mein Kampf* (mit satirischen Illustrationen zu Hitlers gleichnamigem Buch) und *Nacht über Deutschland. Mein Kampf – zweiter Teil*, der sich dem Leid der Betroffenen zuwendet, setzt 1937/38 seine fruchtbarste Schaffensphase ein.

Die Zeichnungen Moreaus zeigen deutlich, welche Bedeutung Erich Mühsam für Clément Moreau gehabt hat. Ende der 20er Jahre wohnten beide in nächster Nähe in Berlin-Britz (Hufeisensiedlung). Aus der Rückschau erinnert sich Moreau:

> Ich kam dann zusammen, über die Käthe Kollwitz, mit dem Heinrich Vogeler, einem Maler damals, und dem gegenüber als Nachbar wohnte so ein komischer Kauz, ein Anarchist. Was wusste ich, was ein Anarchist war, und der hieß Erich Mühsam. Ein kleiner Mann mit einem roten Bart, schmal, aber weißt du, der war menschlich sehr sympathisch.[2]

Zeitweilig haben beide in der Roten Hilfe zusammengearbeitet. In der Kunstauffassung waren beide verwandt. Kunst sollte wirken, verändern. Sie wollen auf gesellschaftliche Missstände aufmerksam machen und sie bekämpfen. Moreau hat über seine und über Mühsams Kunstverständnis gesagt:

> In unseren Auffassungen über die Kunst bzw. über das, was wir mit künstlerischen Mitteln anfangen wollten – den Begriff Kunst gebrauchte ich nicht – hatten wir Gemeinsames. Der Inhalt der Arbeit war der Mensch, es ging um das Mensch-

---

1 Thomas Miller, Erich Mühsam zum Gedächtnis. Clément Moreau und seine Kunstauffassung. In: Wie aktuell ist Erich Mühsam? Schriften der Erich-Mühsam-Gesellschaft. Heft 31, Lübeck 2008, S. 13.
2 Tonbandaufzeichnung mit Clément Moreau und Margrit Brenner, Zürich, 20. Mai 1978.

liche. Abstraktes, künstlich Symbolisches hat mich nie interessiert. In dieser Hinsicht waren wir uns damals einig.³

Beide sind Opfer harter wilhelminischer Erziehung, Mühsam in einem autoritär-nationalistischen bürgerlichen Haushalt, Meffert in einem kleinbürgerlich-kaisertreuen Elternhaus und in der Fürsorge (christliche Erziehungsheime). Beide fliehen aus Drangsal und Enge, Mühsam verweigert sich den Normen und wird freier anarchistischer Schriftsteller; Meffert flieht aus dem Erziehungsheim und wird freier Künstler. Beide haben viele Jahre in Haft zugebracht, Meffert allerdings schon als Jugendlicher. Beide waren in Lebensgefahr, als die Nazis die Macht übernommen hatten. Carl Meffert konnte sich im März 1933 durch die Flucht in die Schweiz retten. Dort nahm er das Pseudonym Clément Moreau an. Er musste noch mehrfach fliehen. „Von Beruf bin ich Emigrant", hat er später einmal gesagt. Erich Mühsam wird in der Nacht des Reichstagsbrandes (27./28.2.1933) verhaftet. Was Häftlinge in der Haft erleiden mussten, hat Clément Moreau künstlerisch gestaltet, vor allem in seiner Mappe „Nacht über Deutschland". Die Erich-Mühsam-Gesellschaft Lübeck und die Stiftung Clément Moreau in Zürich geben gemeinsam diese Mappe neu heraus. Das Thema, das Sichtbar-Machen menschlicher Brutalität und Pervertierung, das Mühsam und Moreau auf unterschiedliche Weise öffentlich machen, hat – leider – bis heute nicht an Aktualität verloren.

Für die Erich-Mühsam-Gesellschaft: Für die Stiftung Clément Moreau:

Jürgen-Wolfgang Goette   Thomas Miller
Sabine Kruse

Lübeck/Zürich im Januar 2009

---

3 Clément Moreau. Zitiert nach Marion Müller-Strunk, Lernen mit Clément Moreau. Ästhetisches Handeln als Prozess der Solidarität. Dissertation 1981, 83.

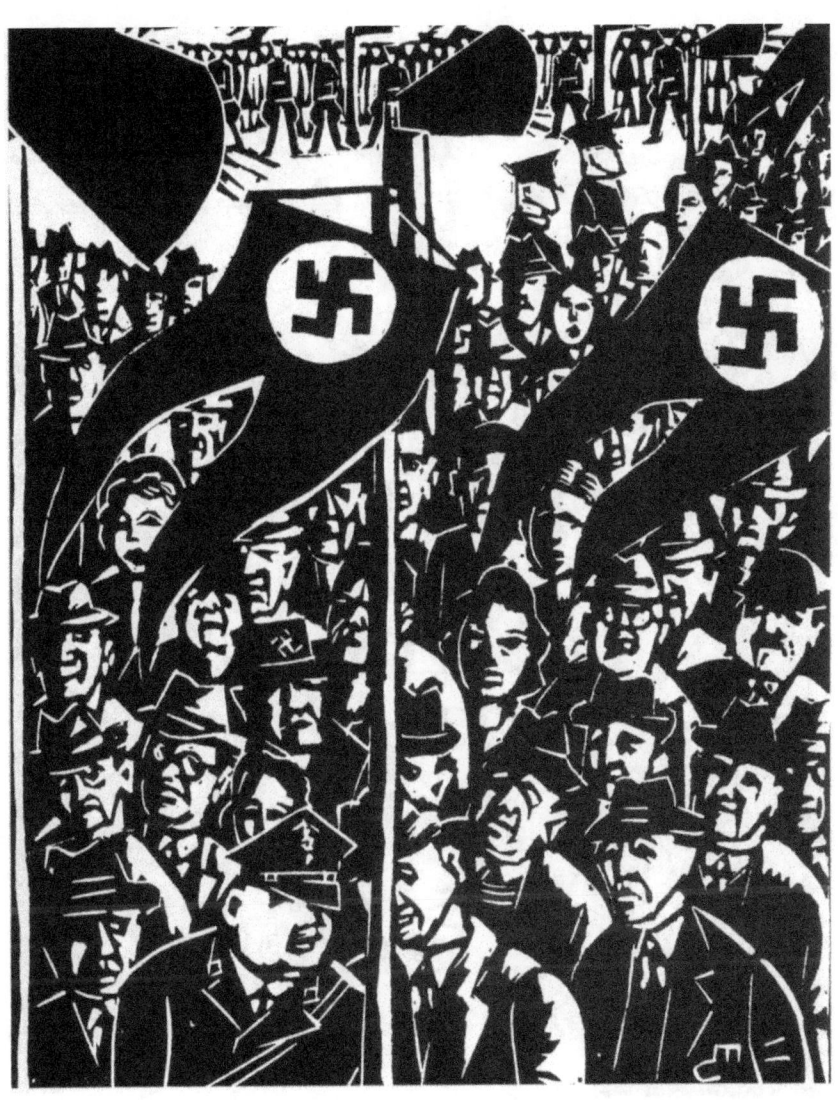

Der offizielle Radiosender 1

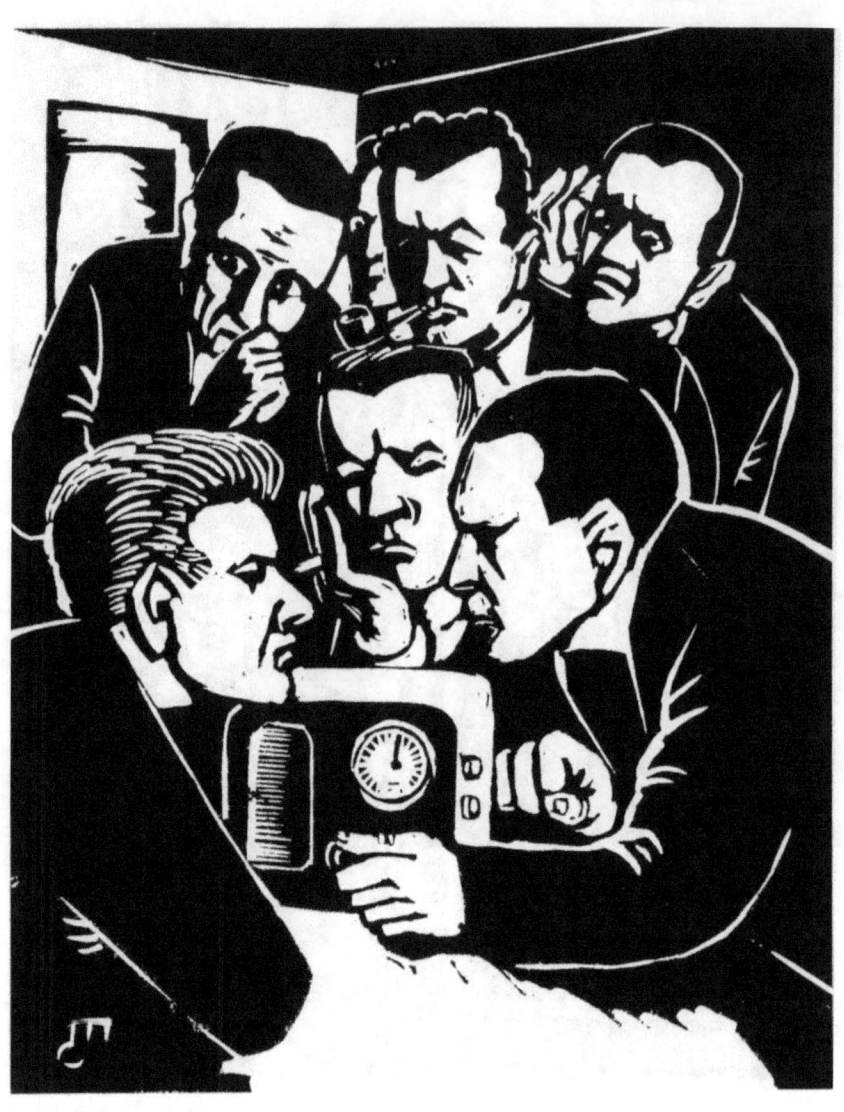

2 Der illegale Sender

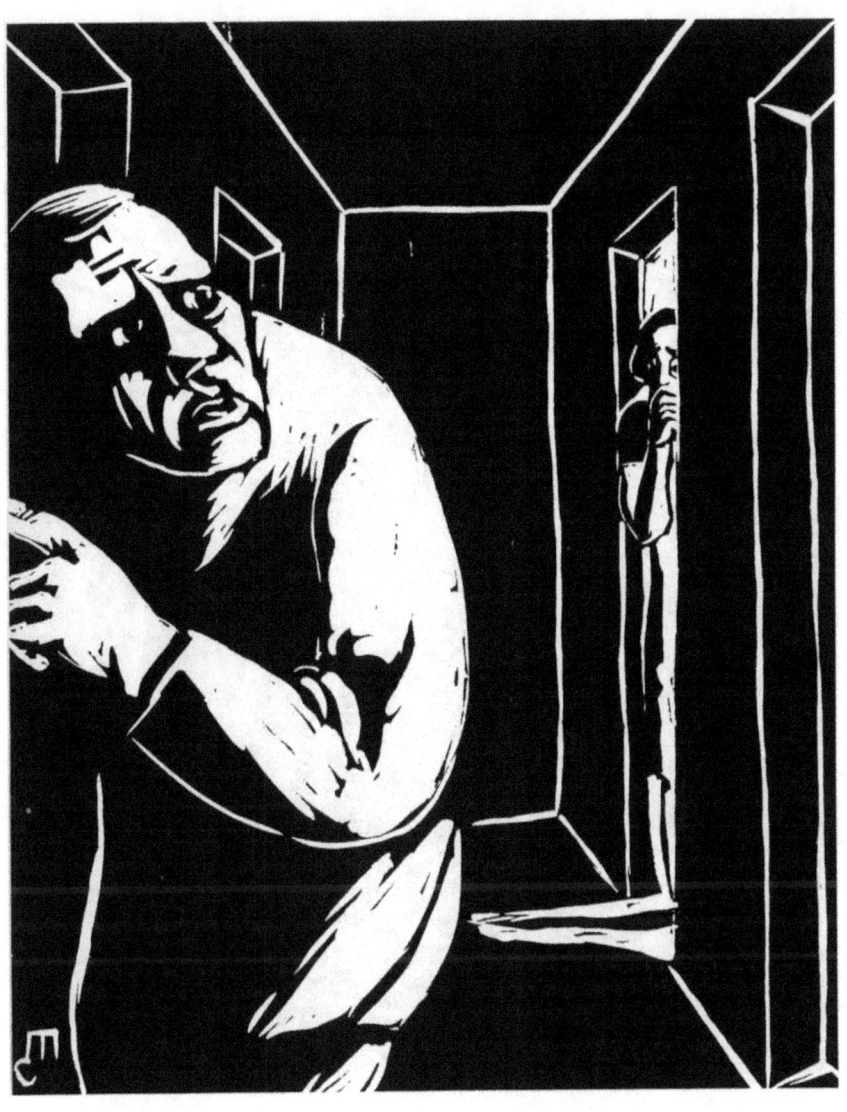

Der Nachbar, ein Verräter 3

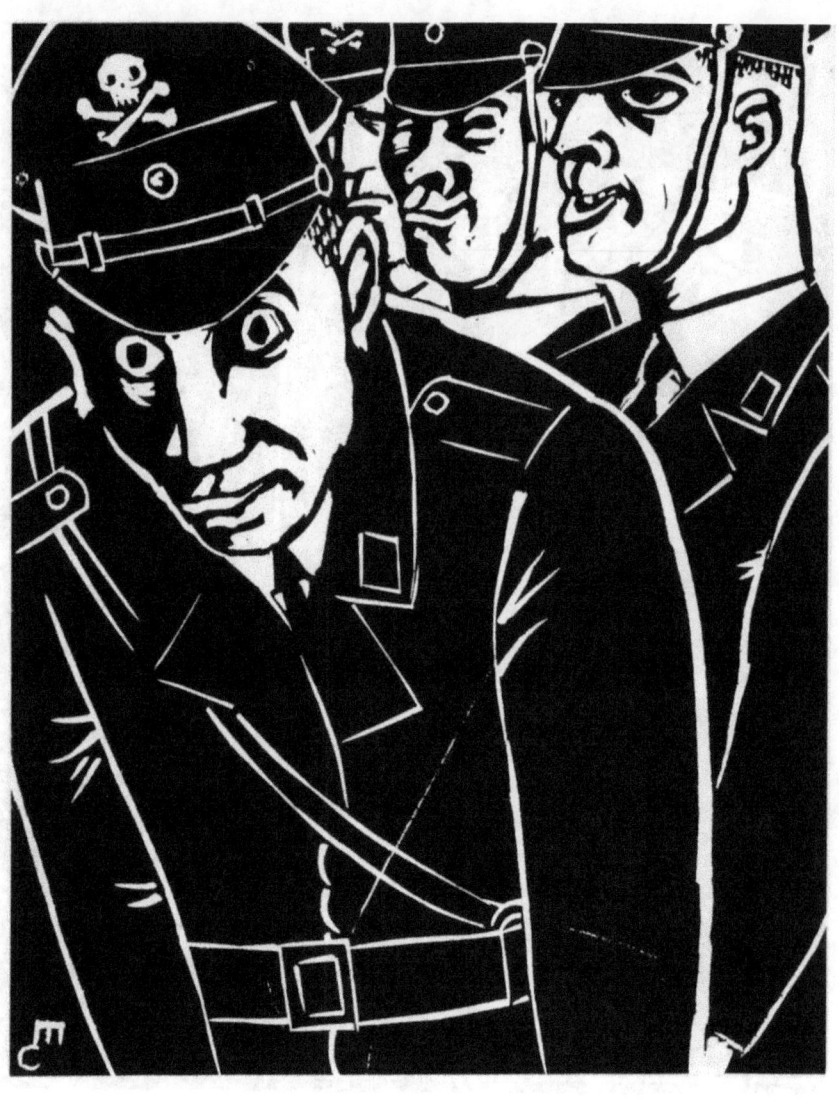

4   Die Gestapo kommt

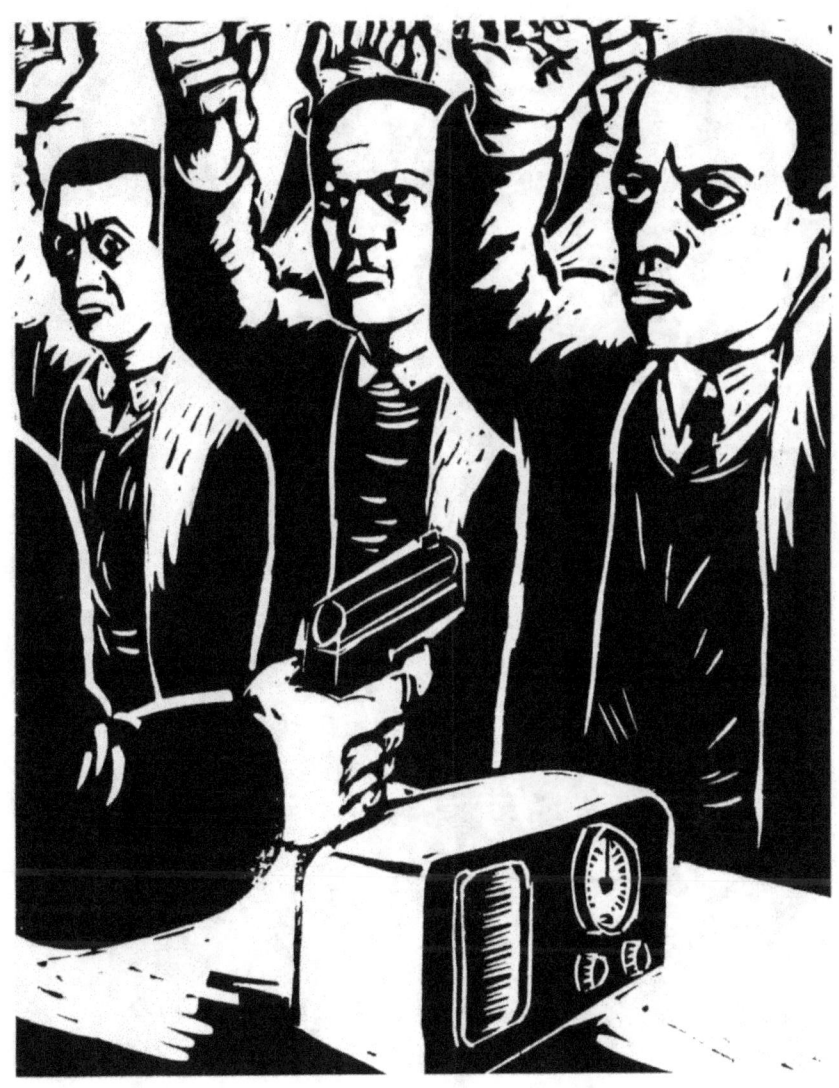

Die Verhaftung

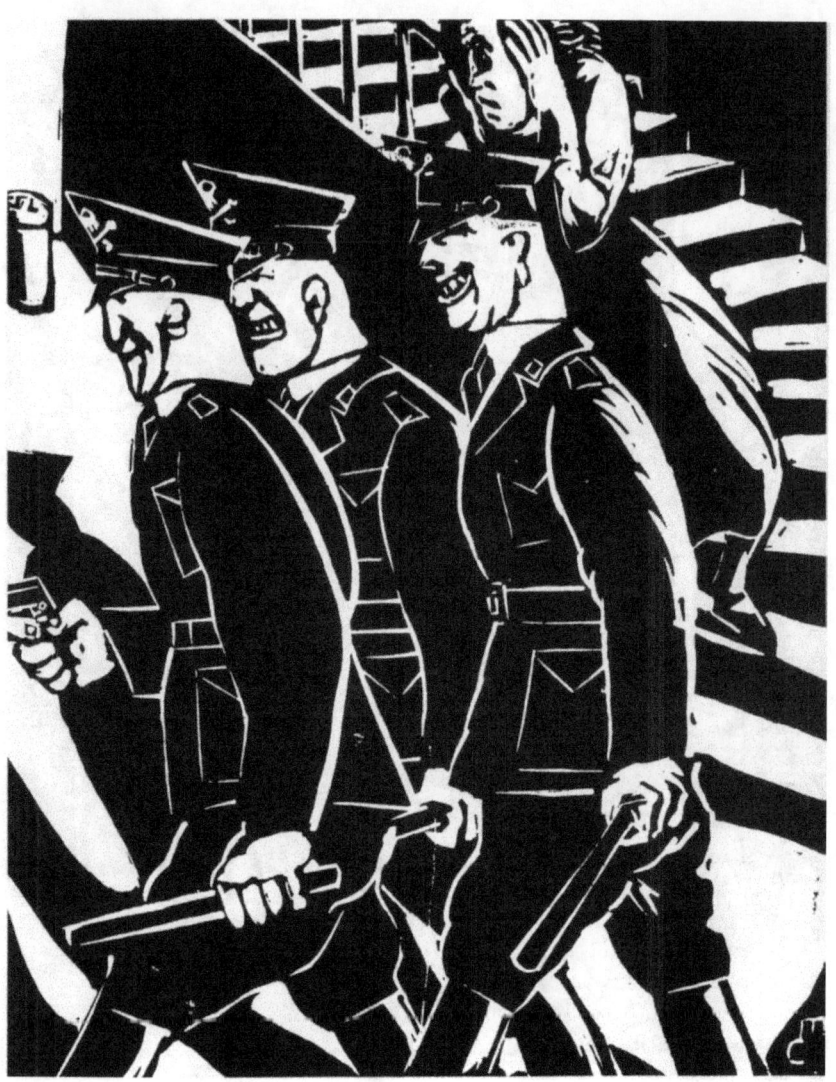

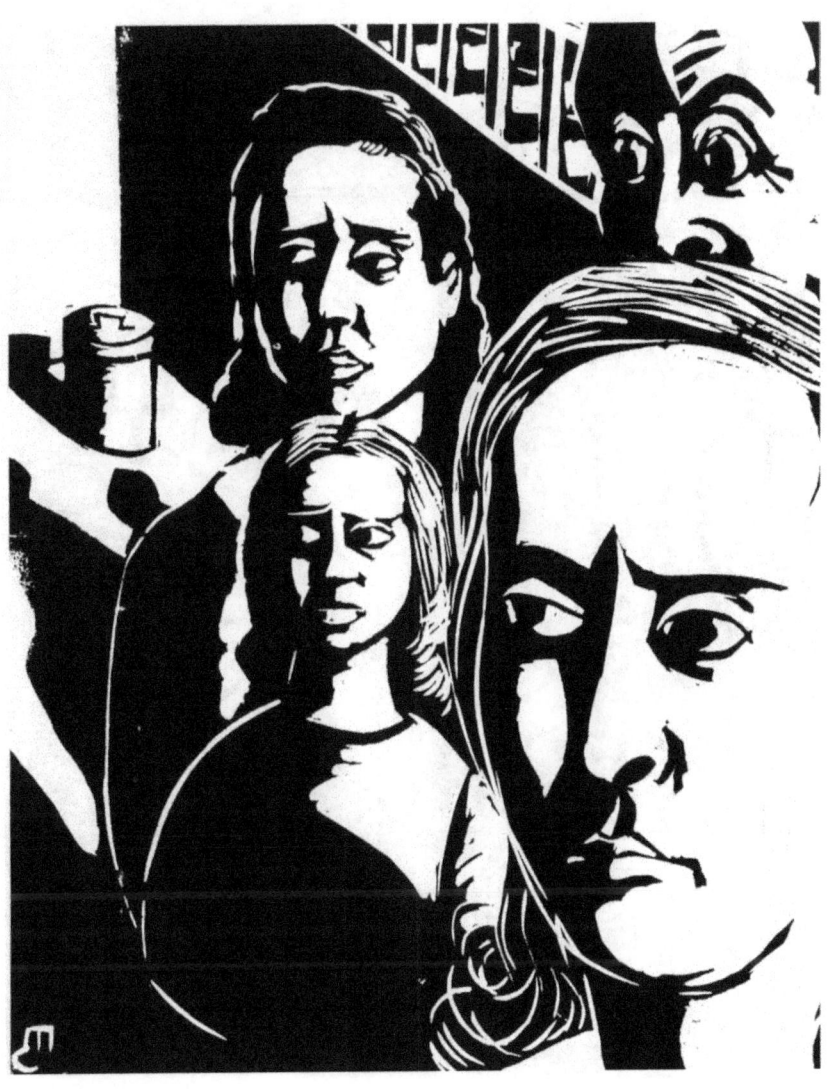

Die Nachbarn 7

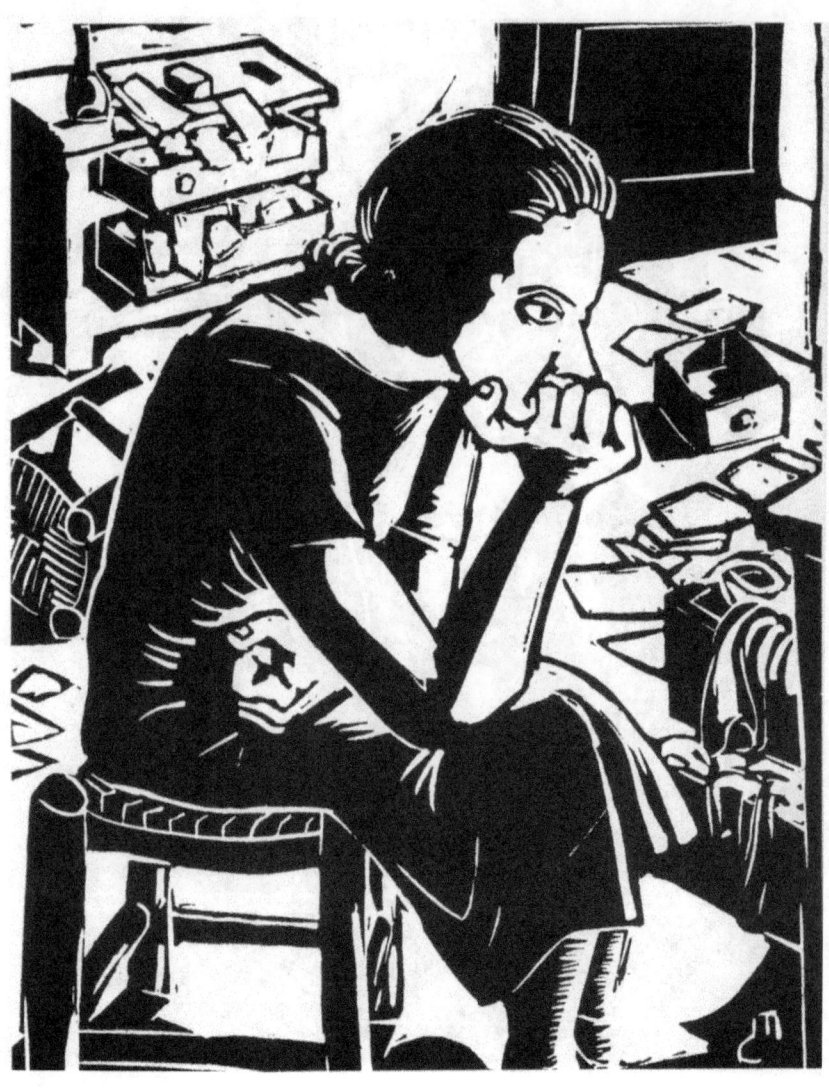

8 Die Wohnung

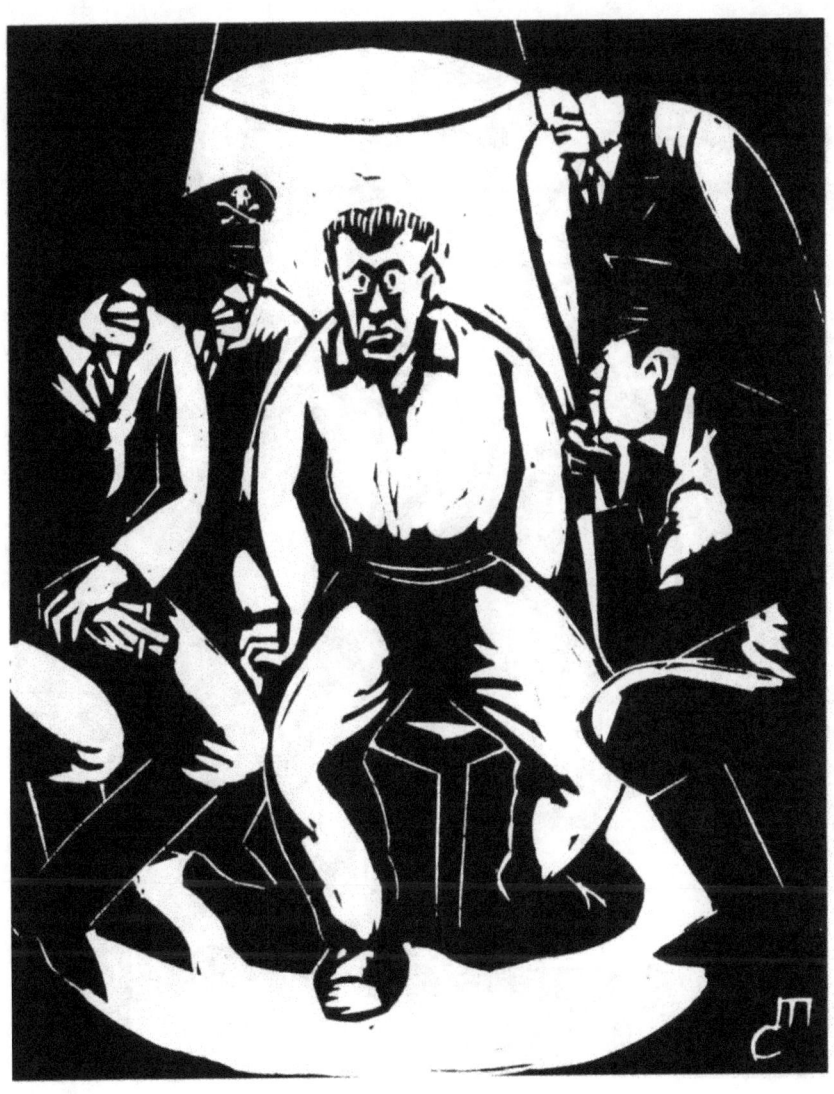

Das Verhör

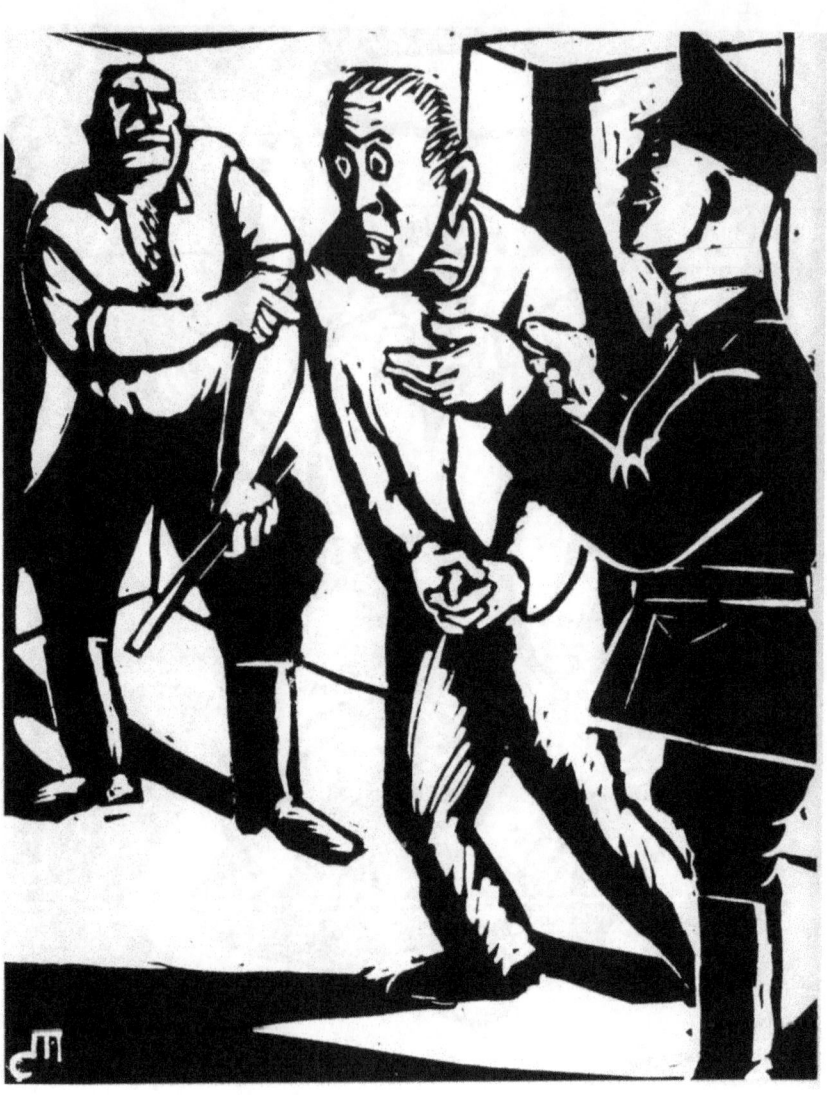

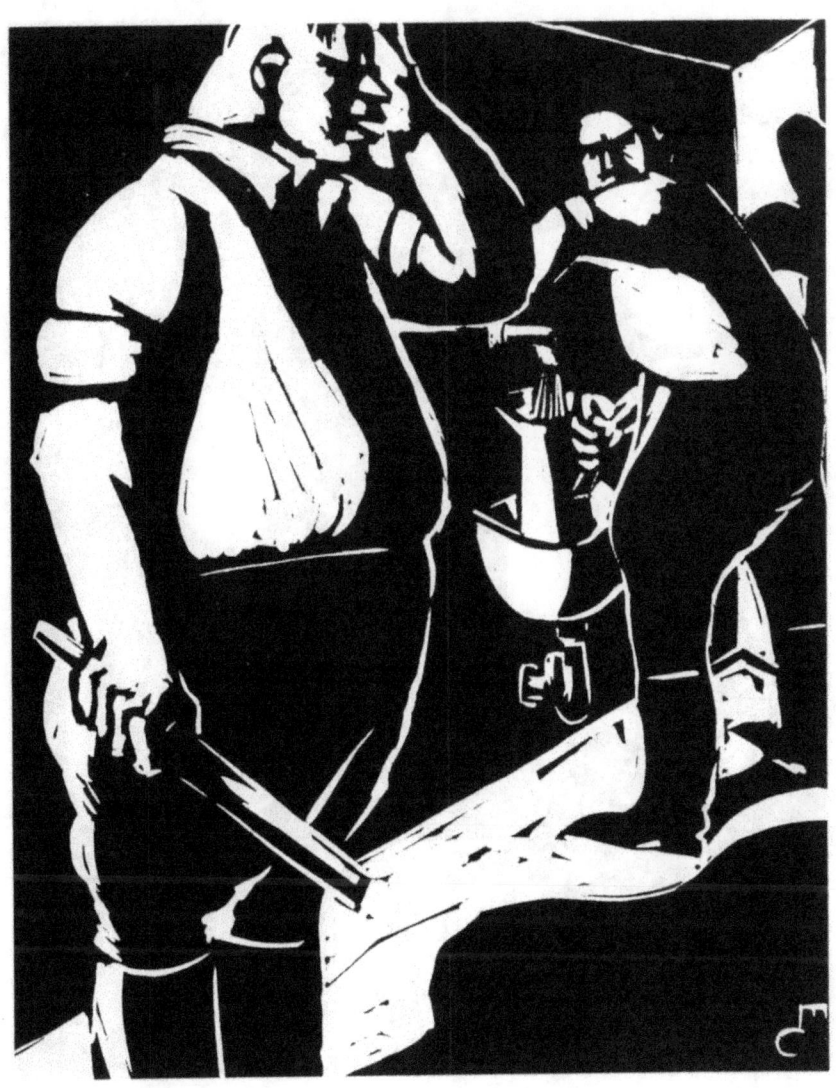

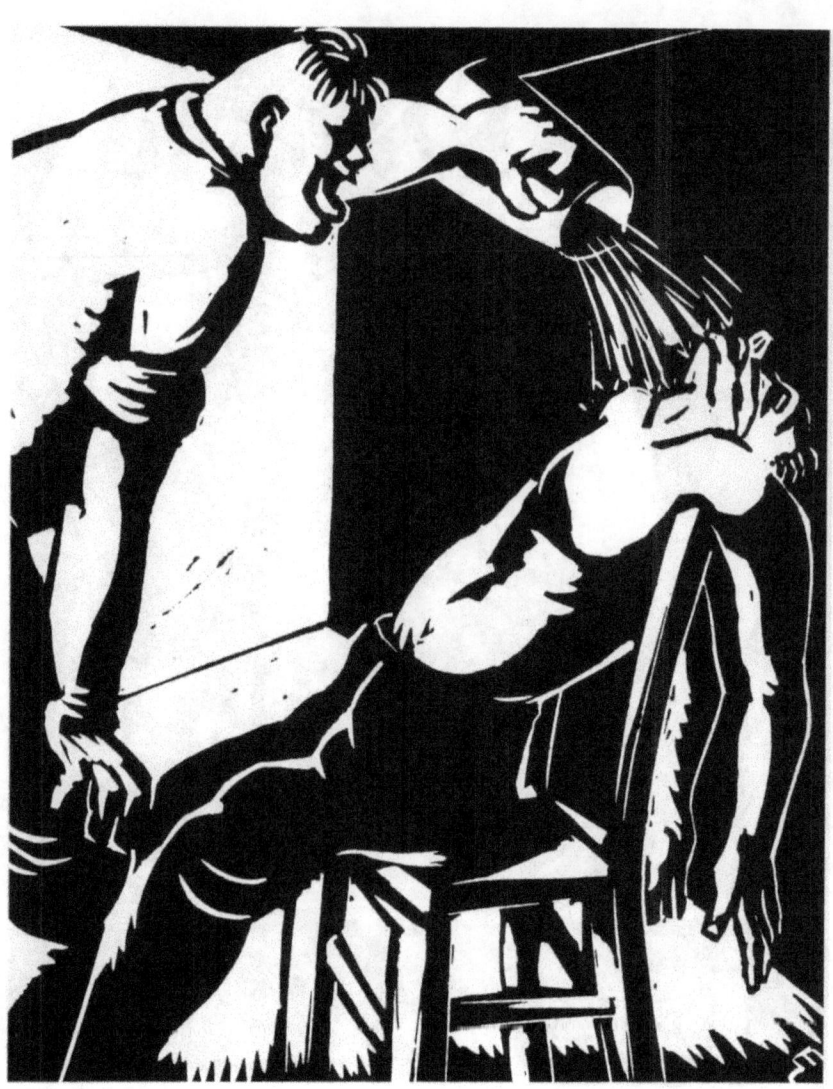

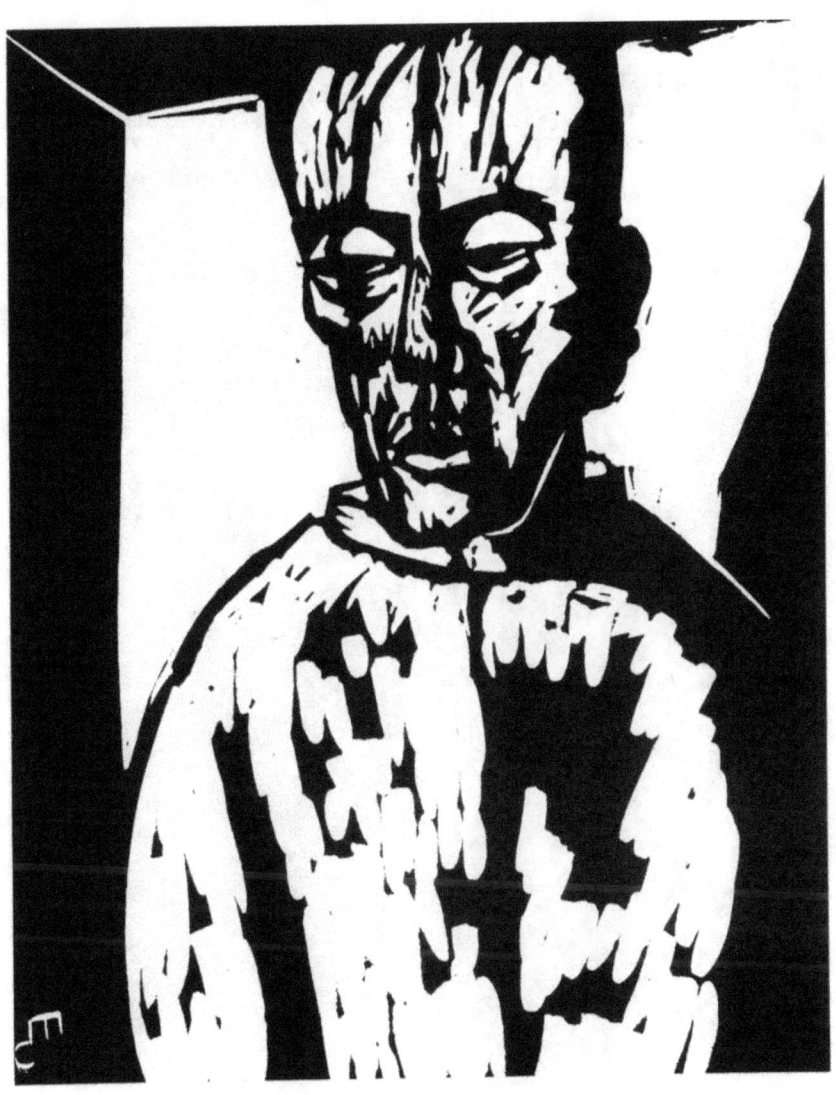

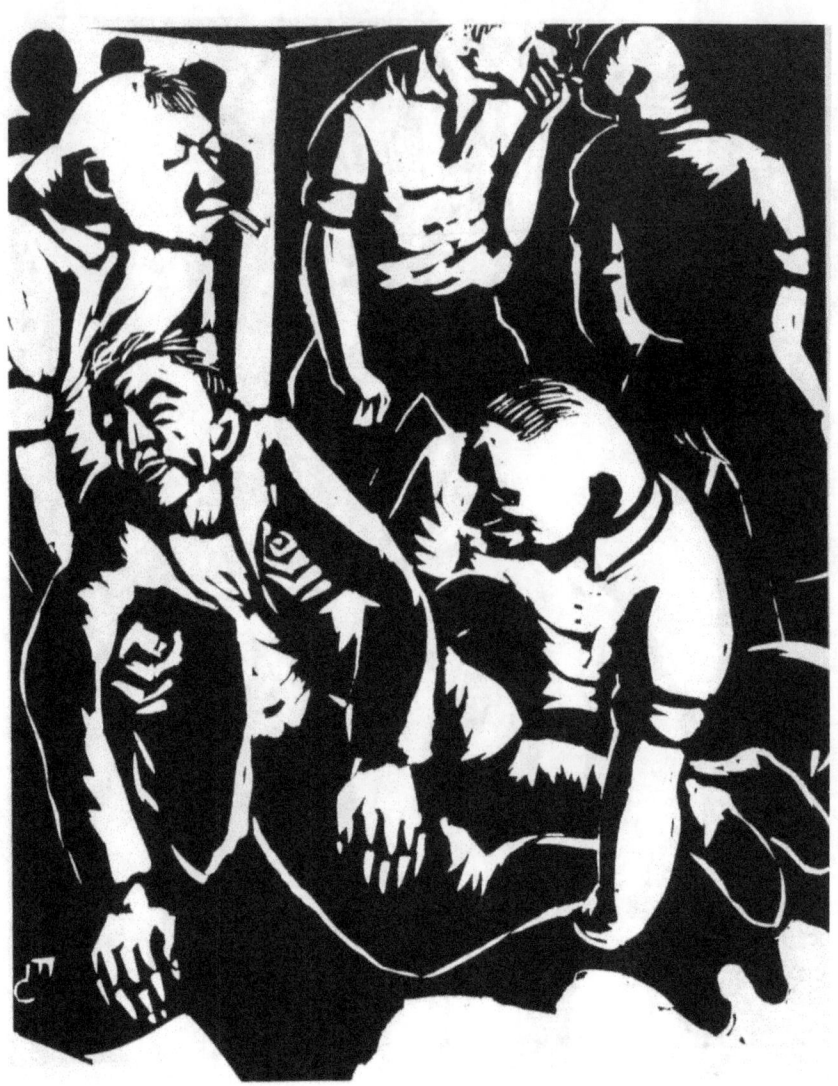

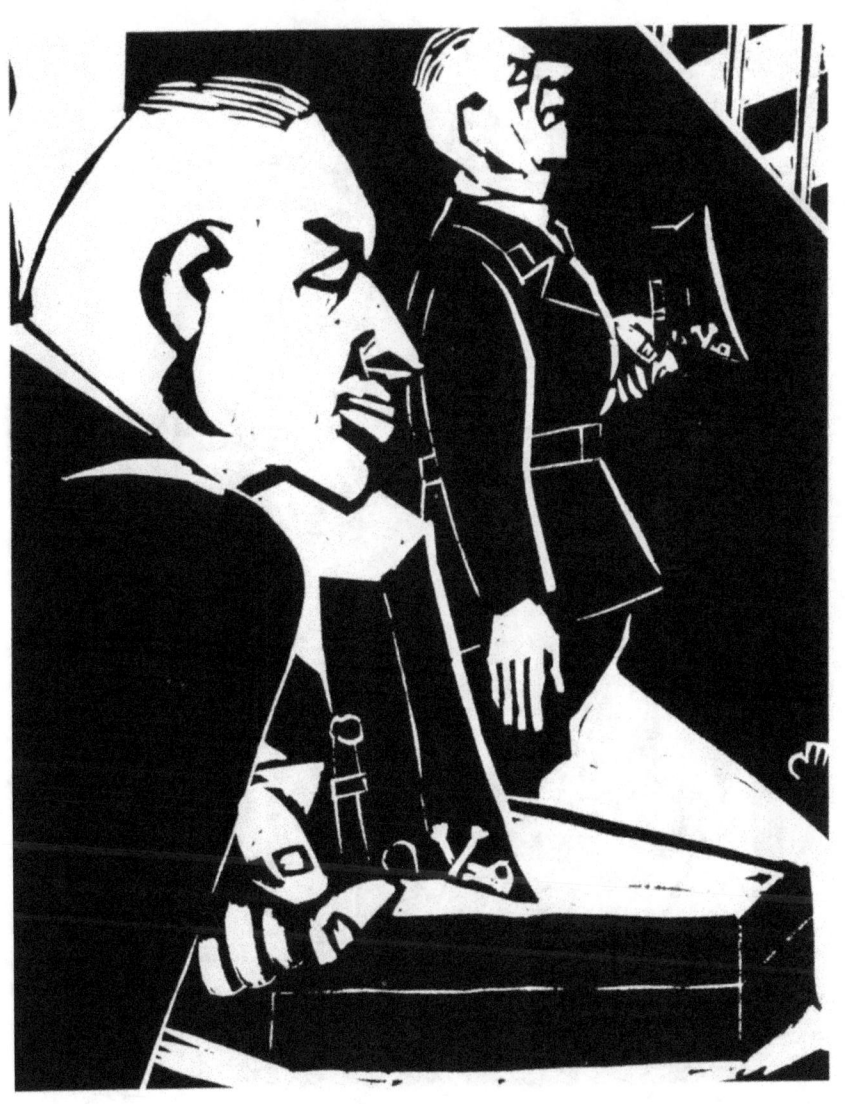

Der plombierte Sarg wird gebracht 15

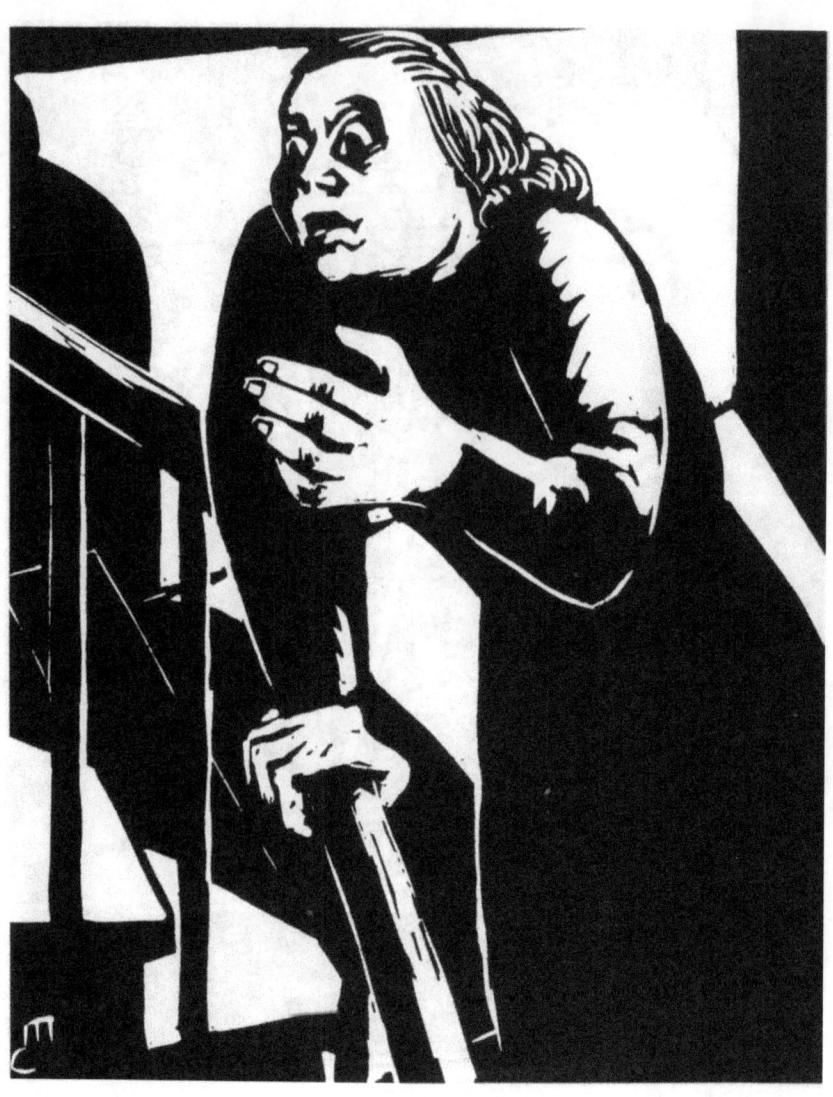

16 Die Frau

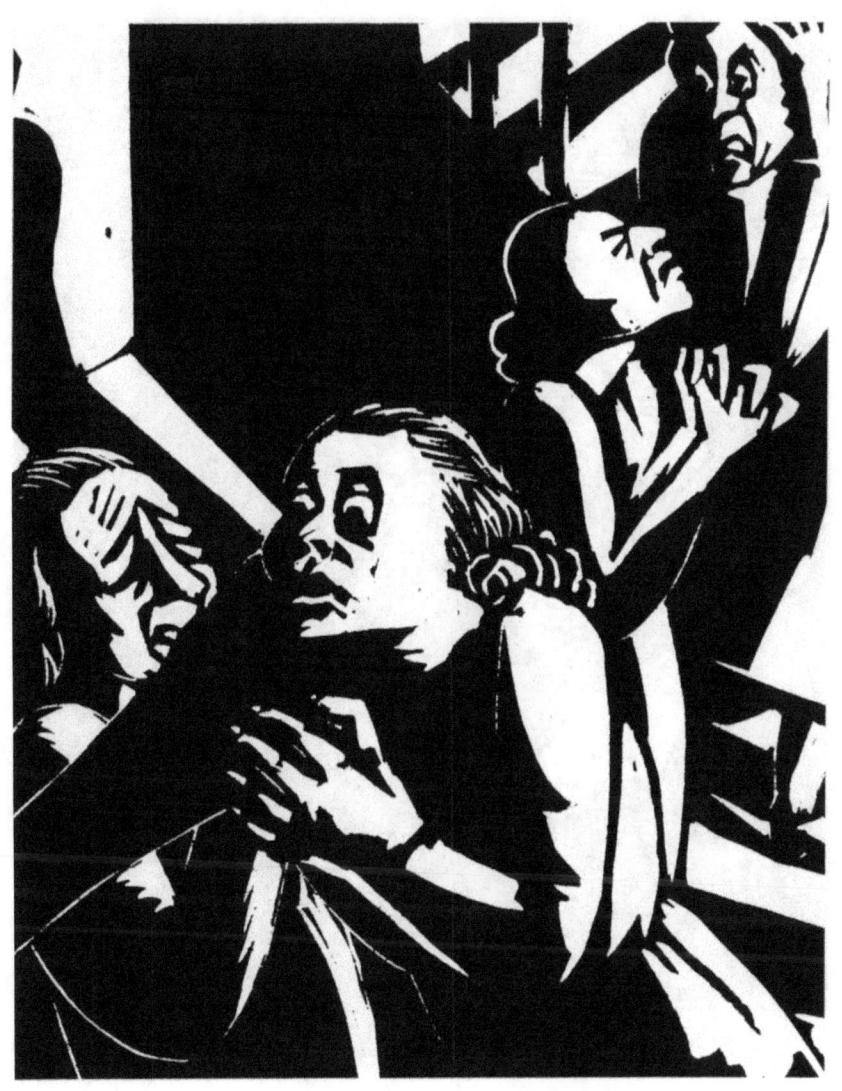

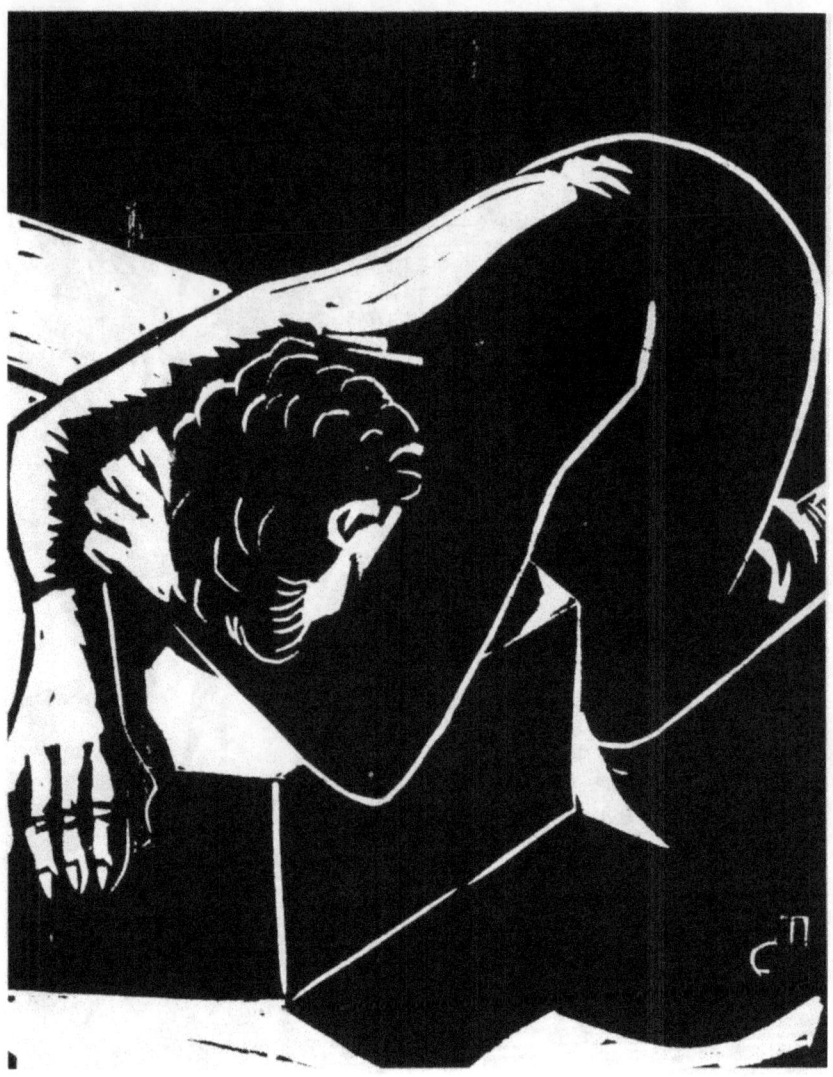

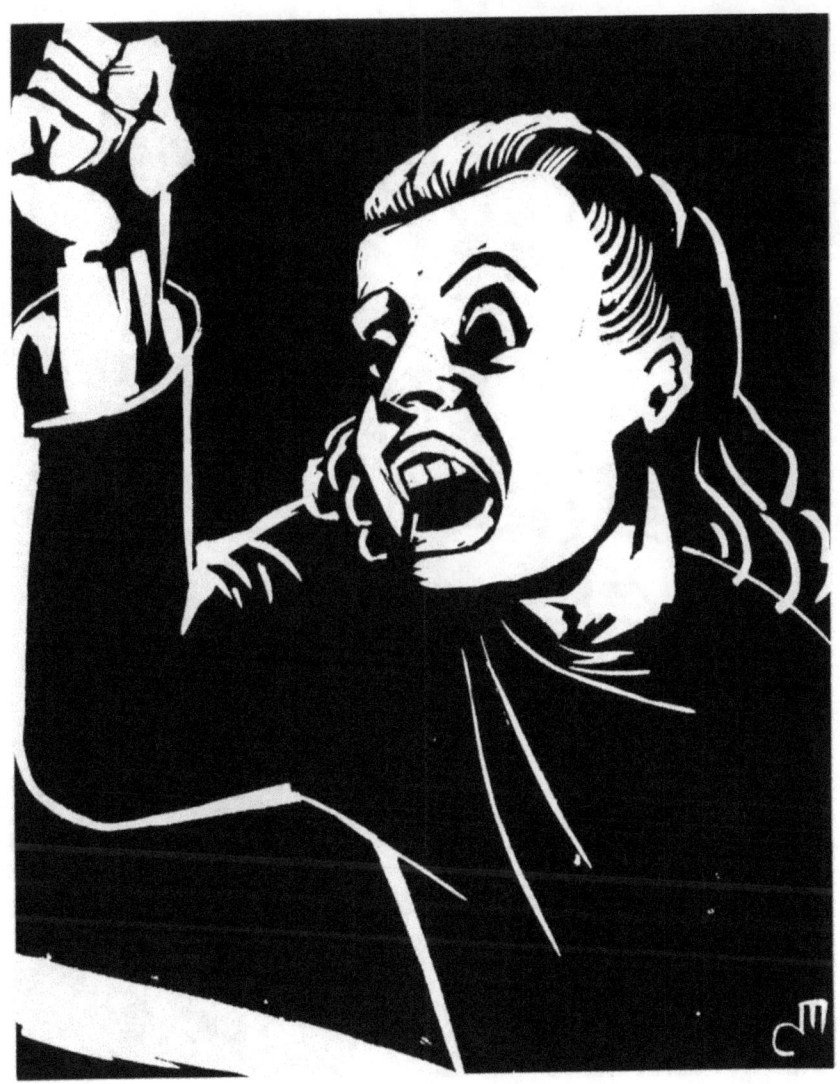

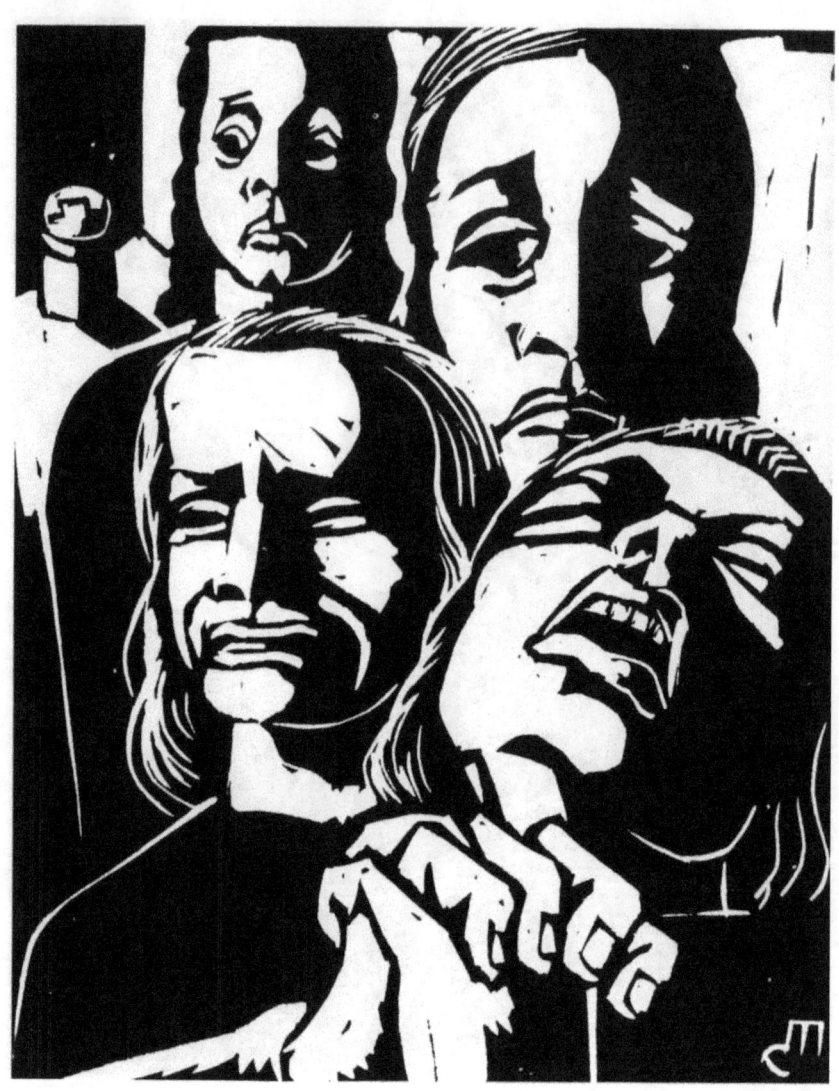

20 Die Nachbarinnen

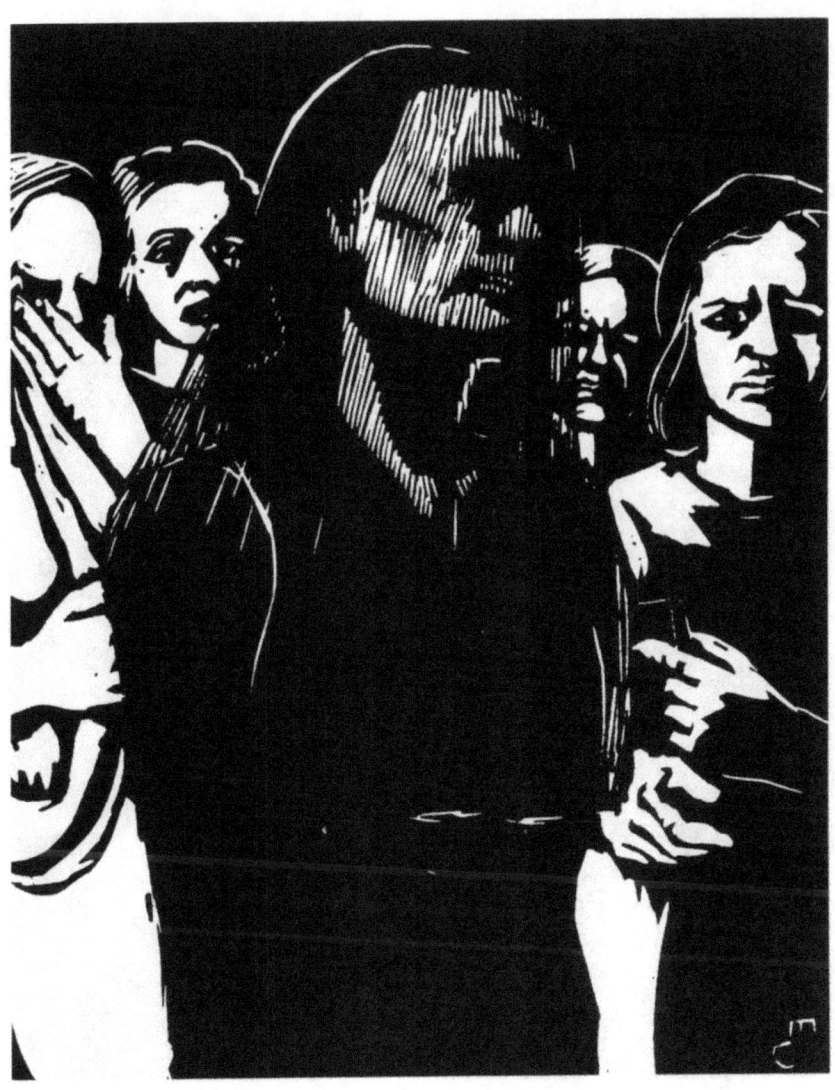

Die Witwe

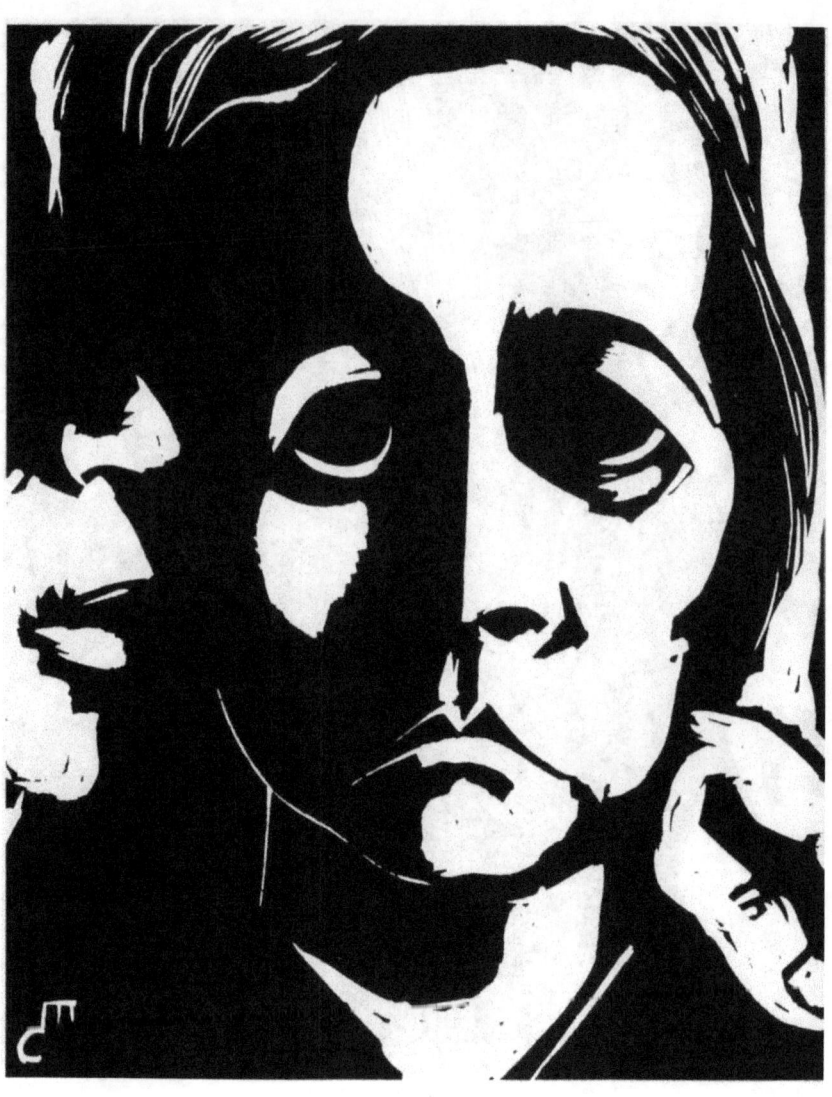

22 Solidarität

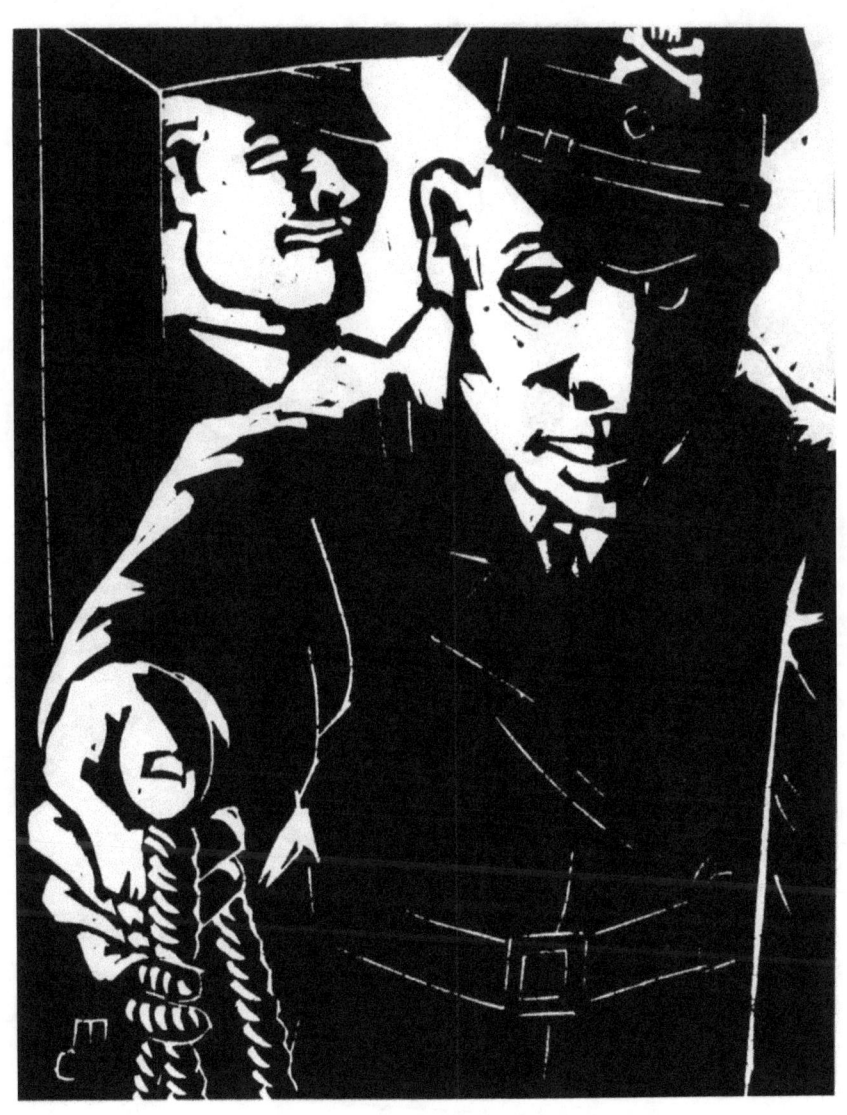

Ein Strick, um sich selbst aufzuhängen 23

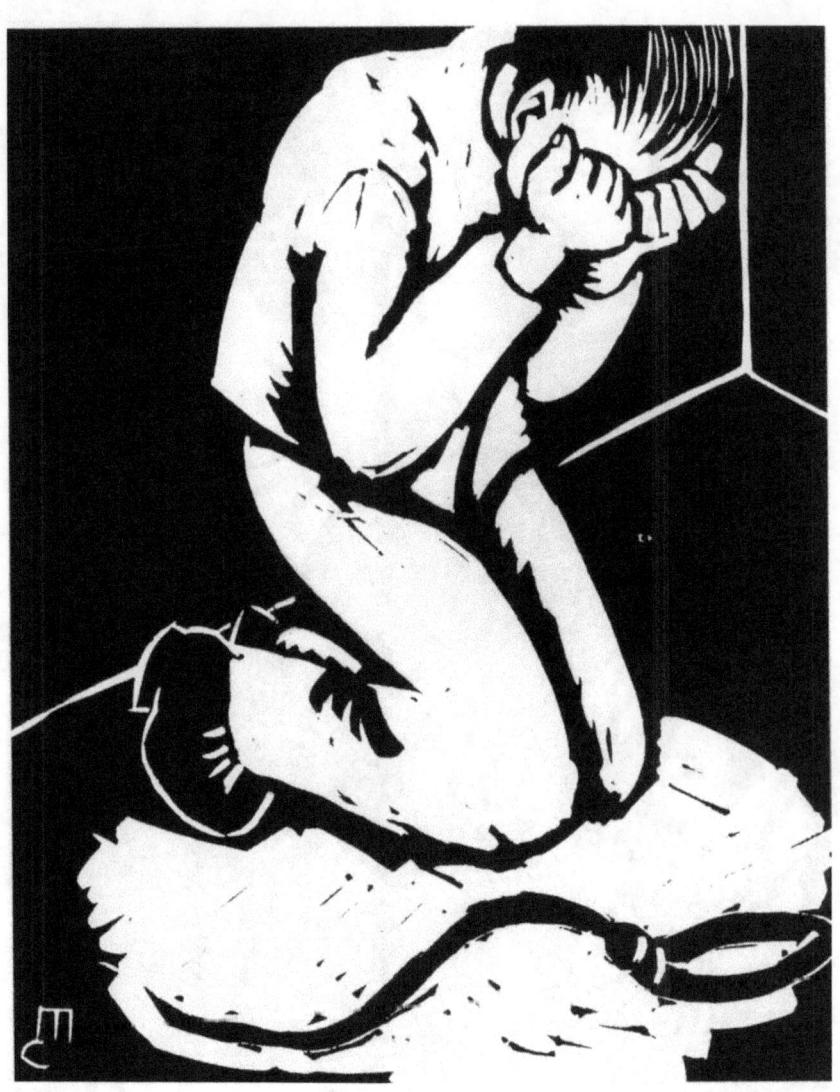

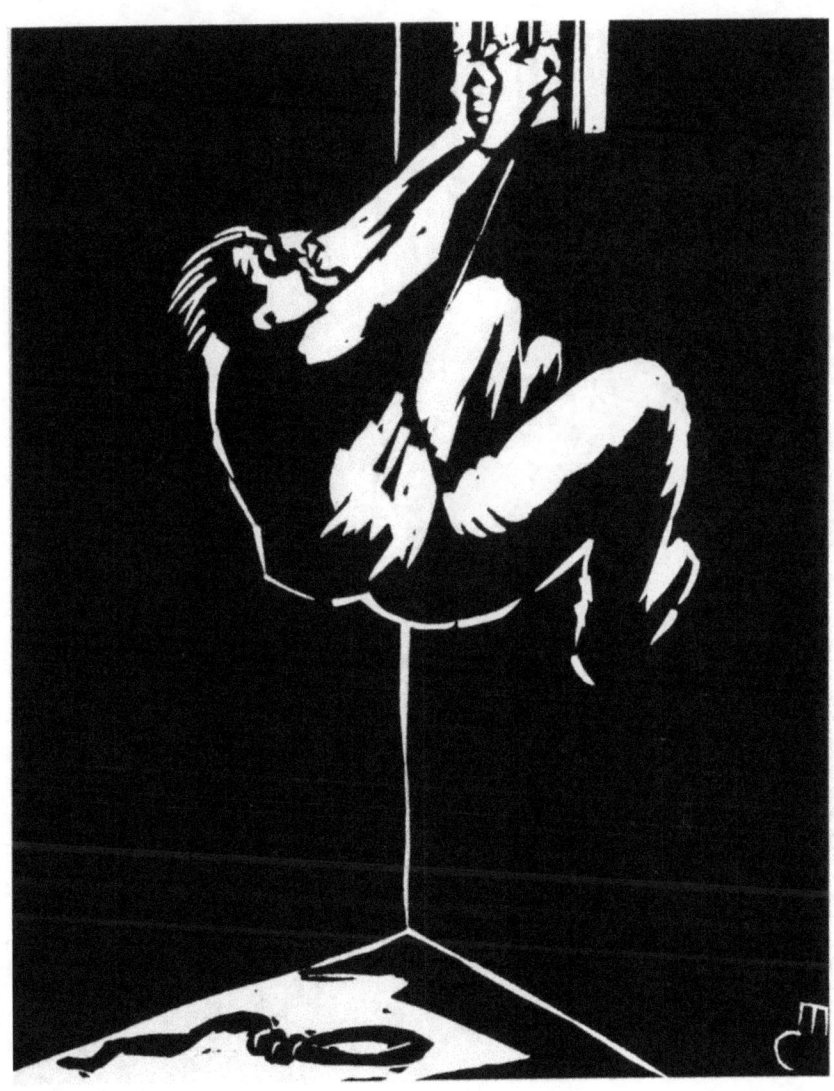

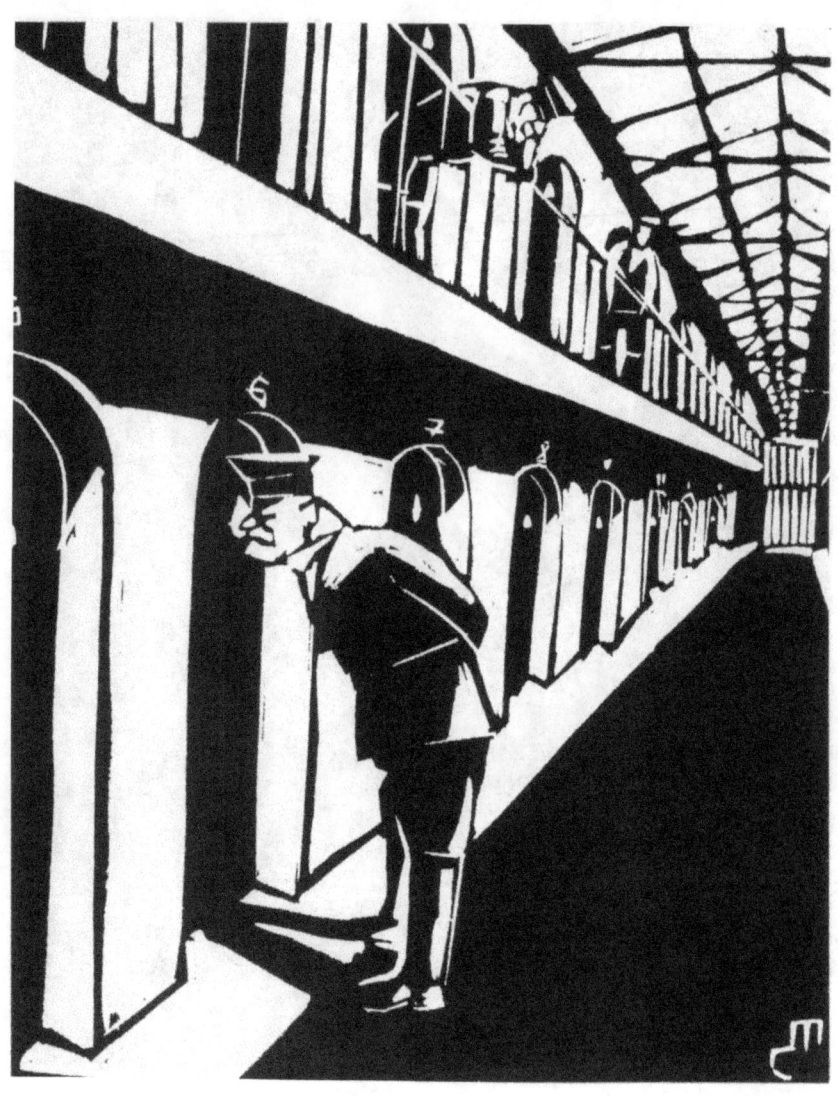

26　Er hat sich nicht erhängt

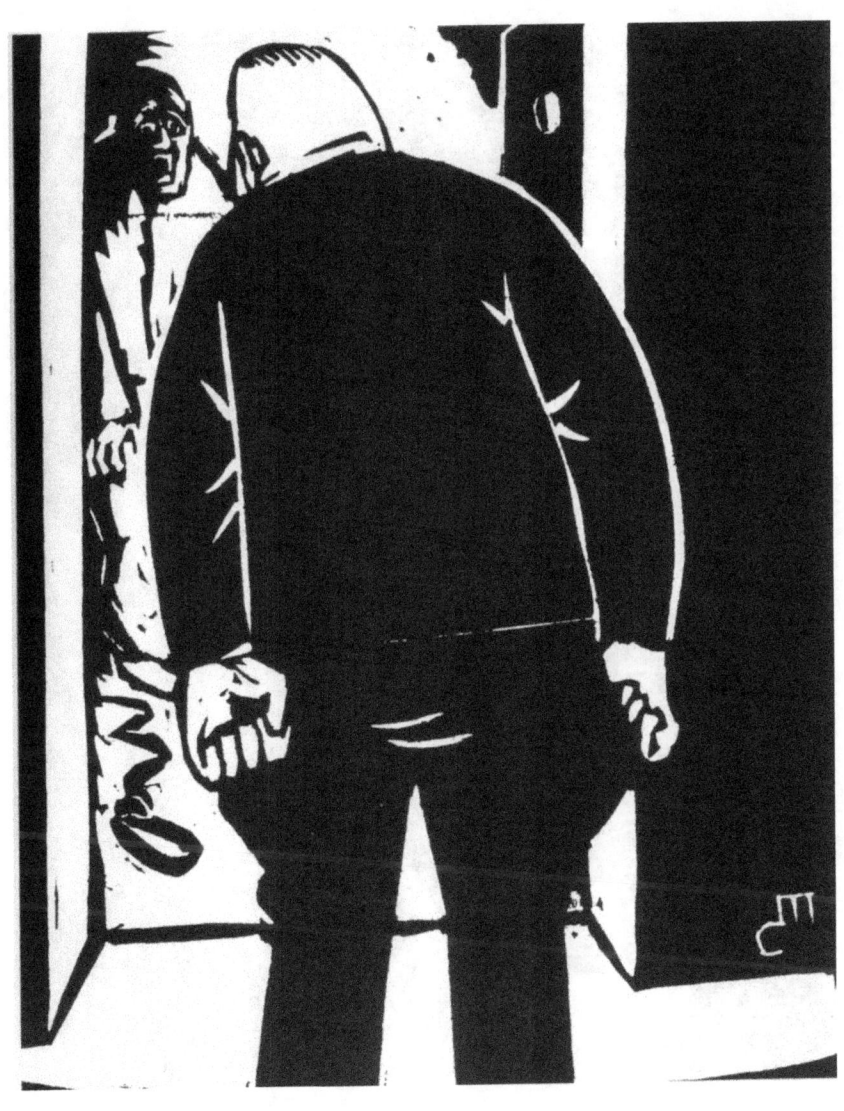

Der Mörder tritt ein 27

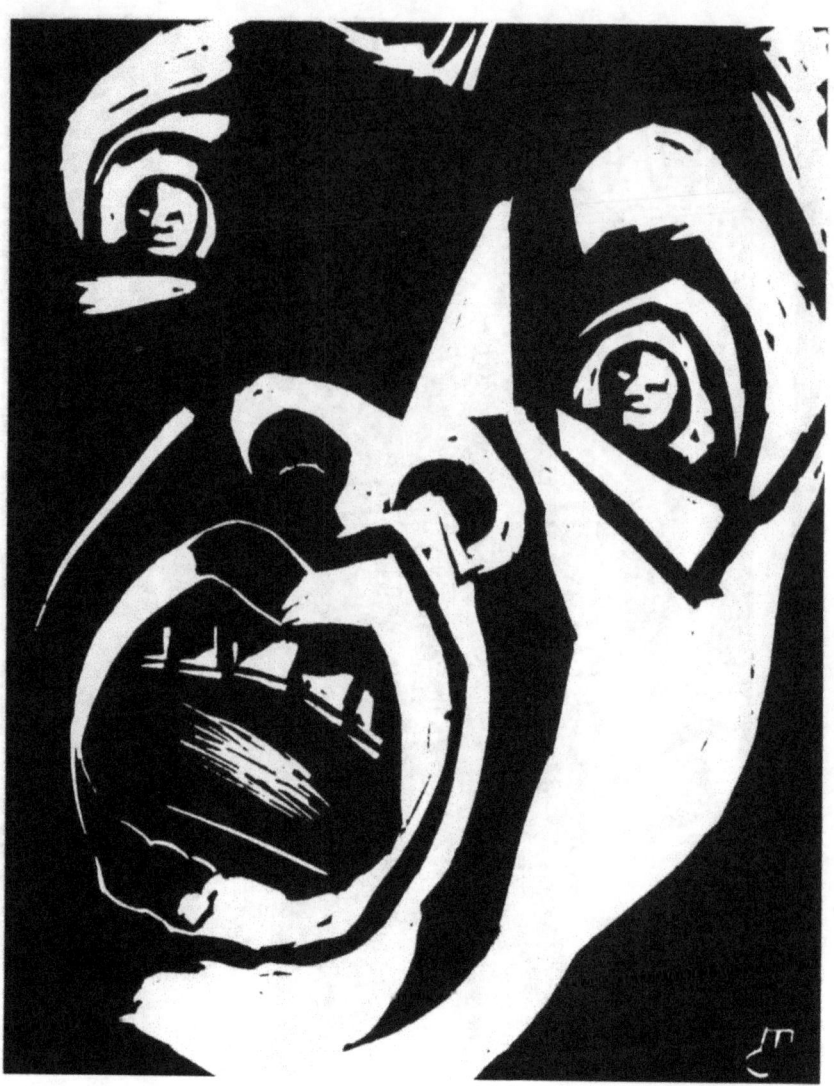

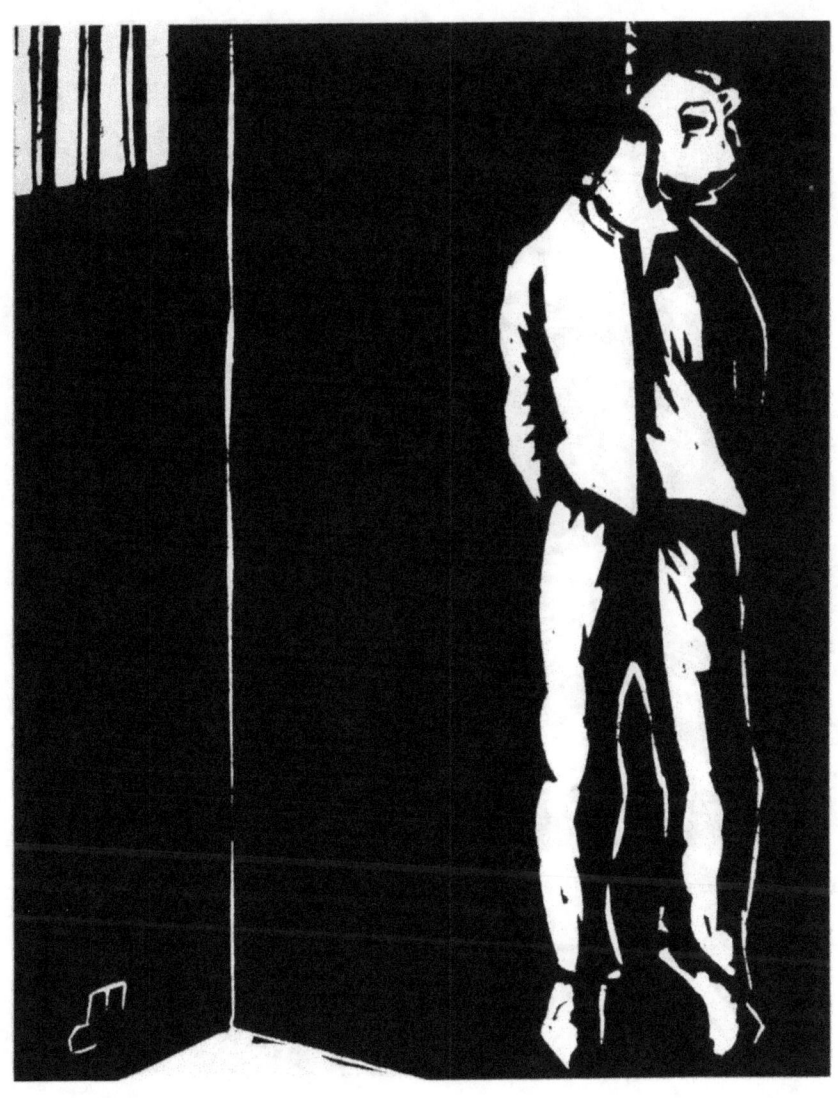

Der „Selbstmörder", die Hände auf dem Rücken gefesselt 29

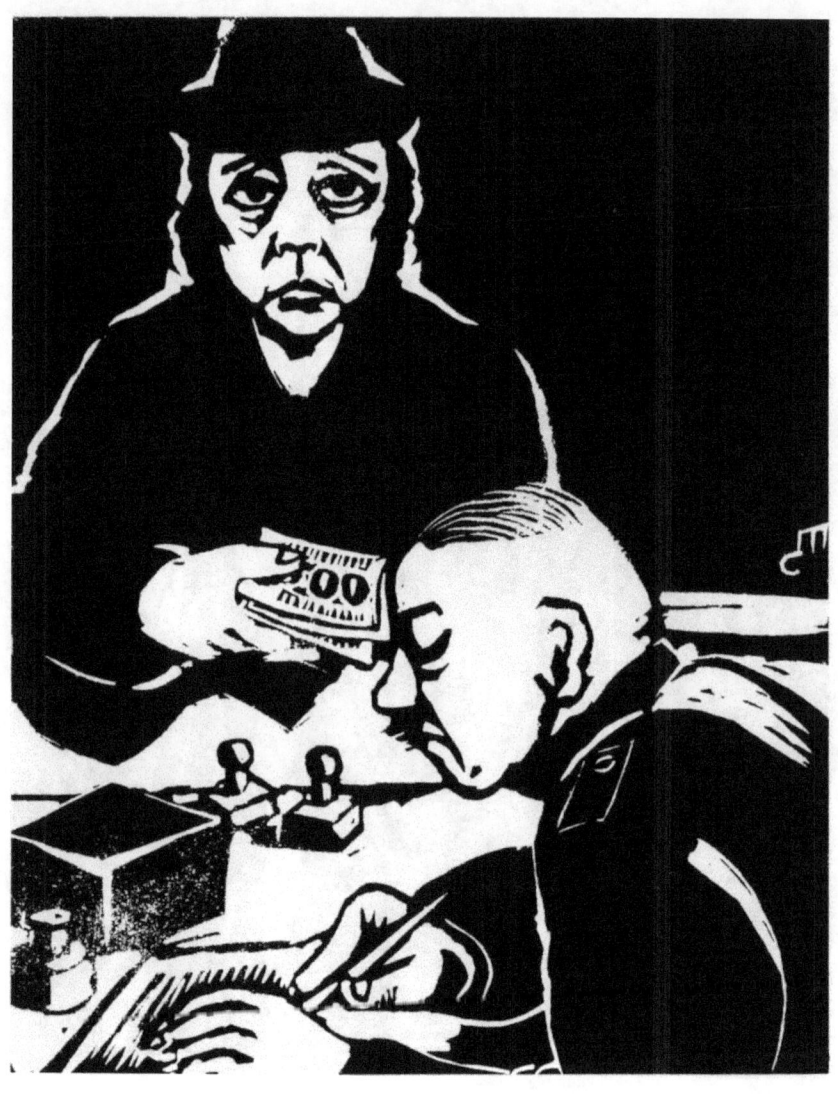

30 Die Witwe muß 200,- Mark für die Asche zahlen

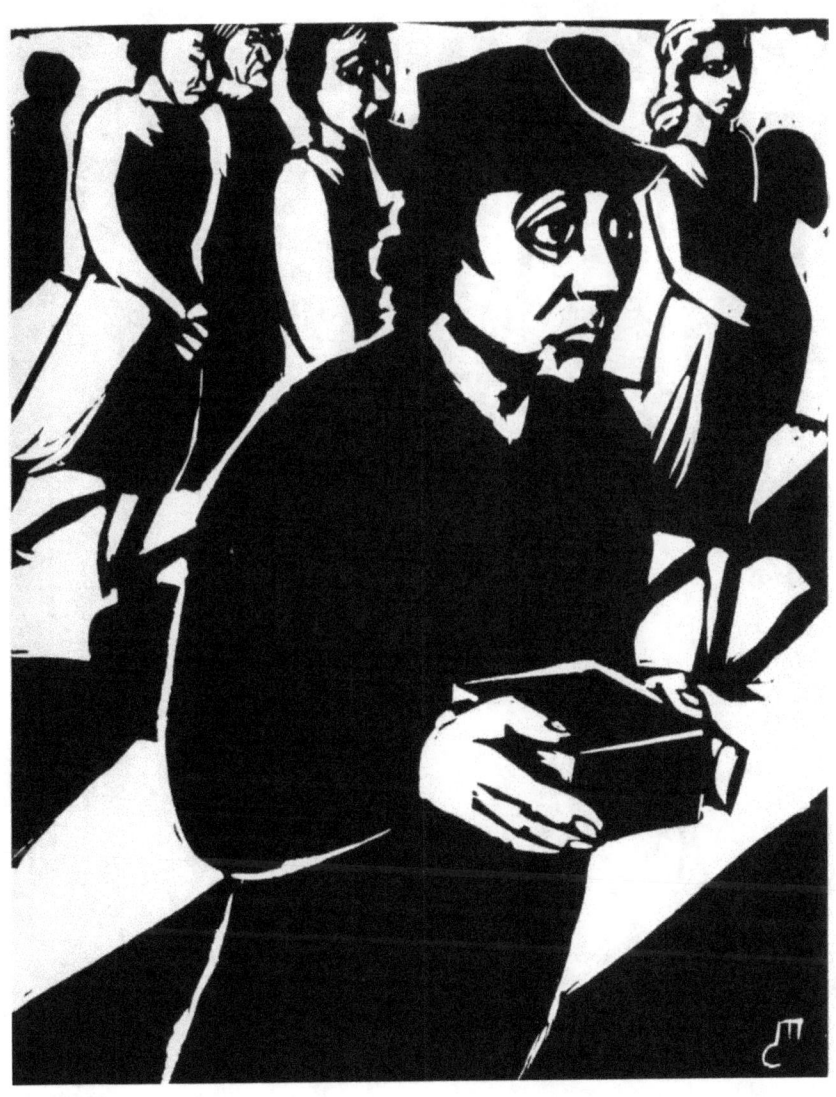

Die Witwe mit der Asche 31

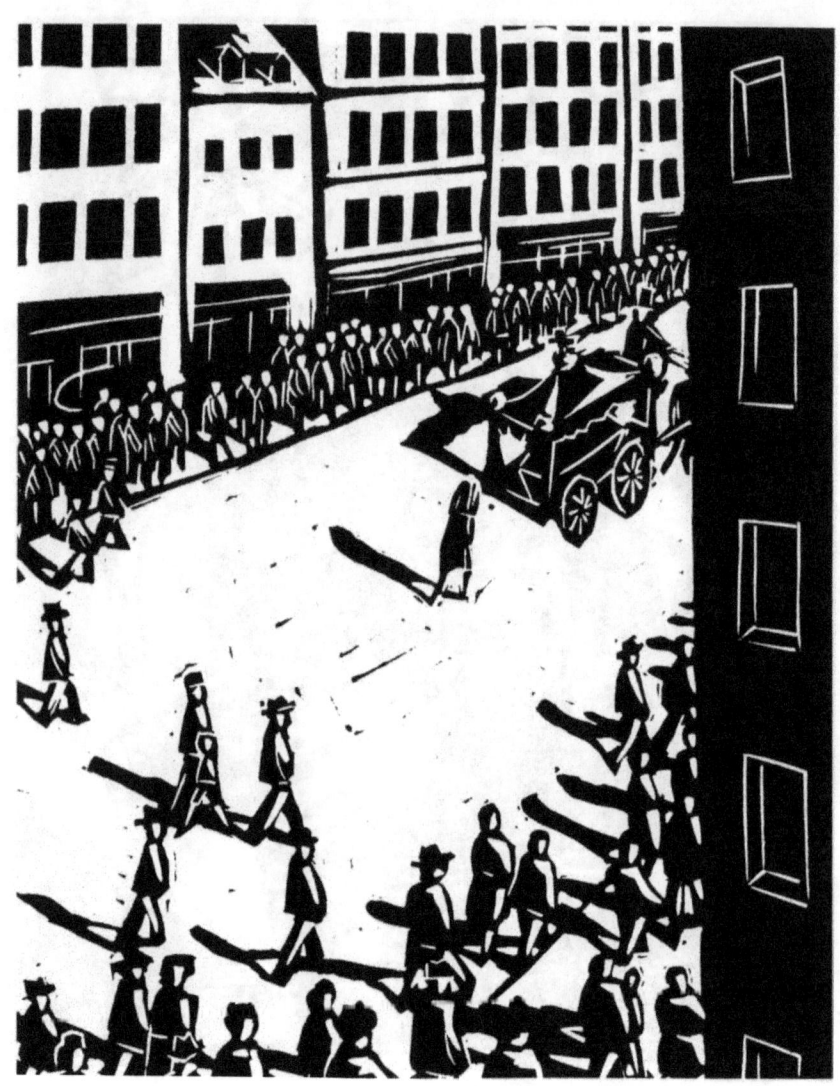

32 Die Beerdigung

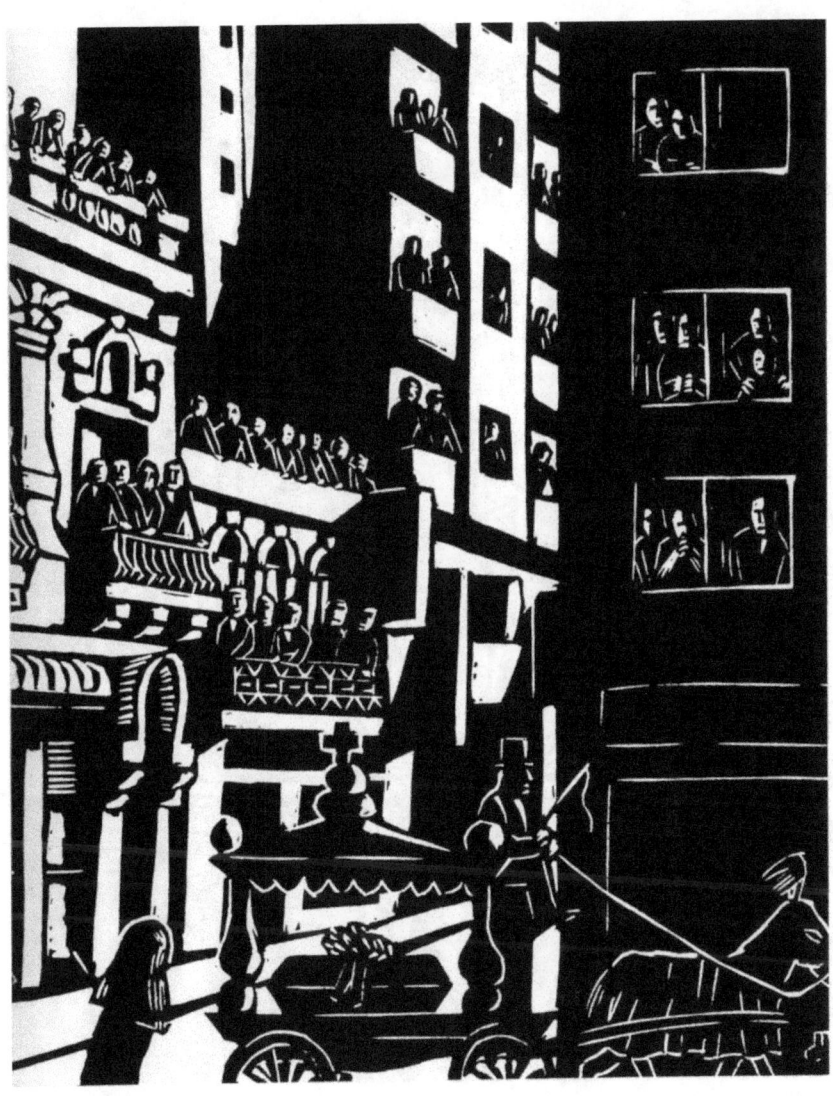

Stumme Solidarität. Geschnitten zur Erinnerung an Erich Mühsam 33

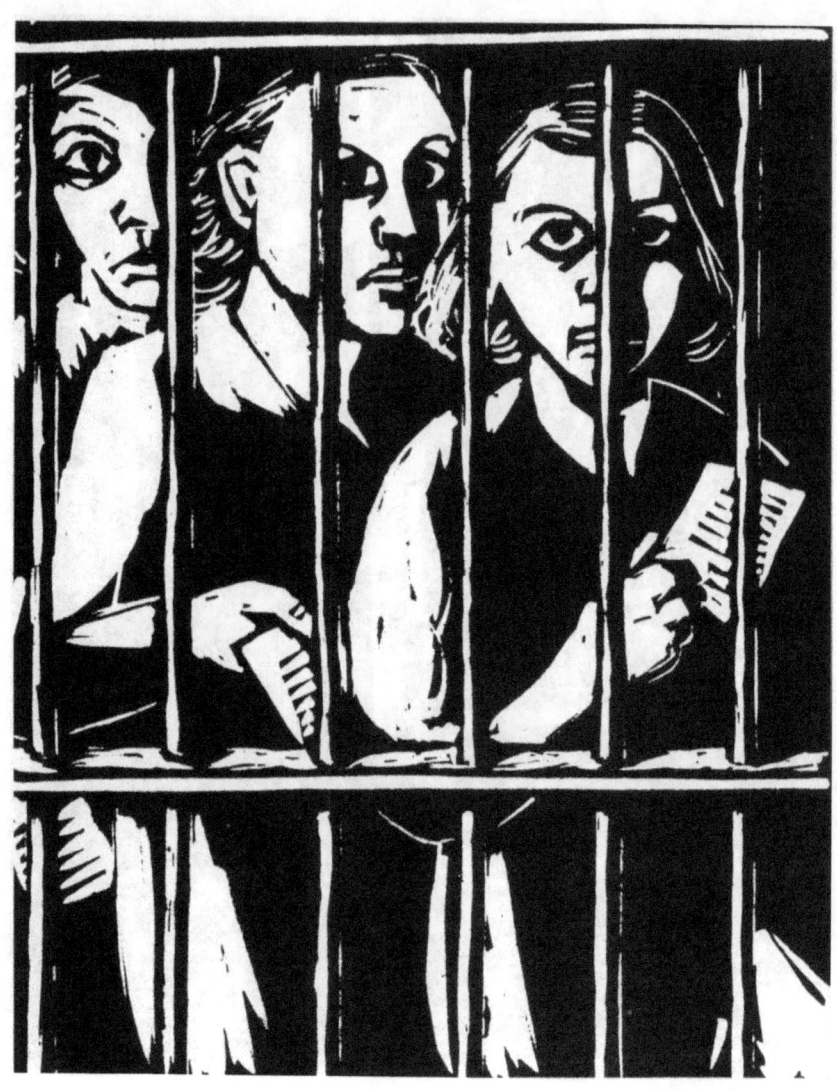

34 Besuchstag im Zuchthaus

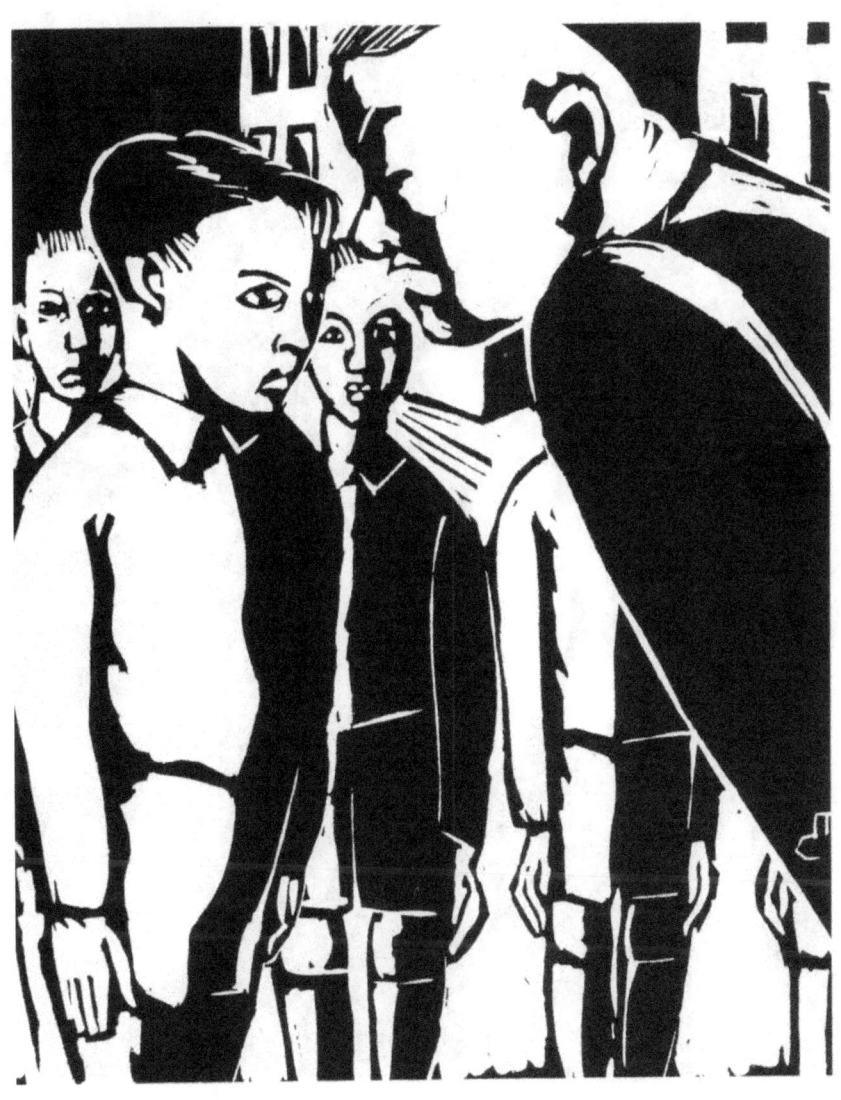

Der Sohn eines Gefangenen 35

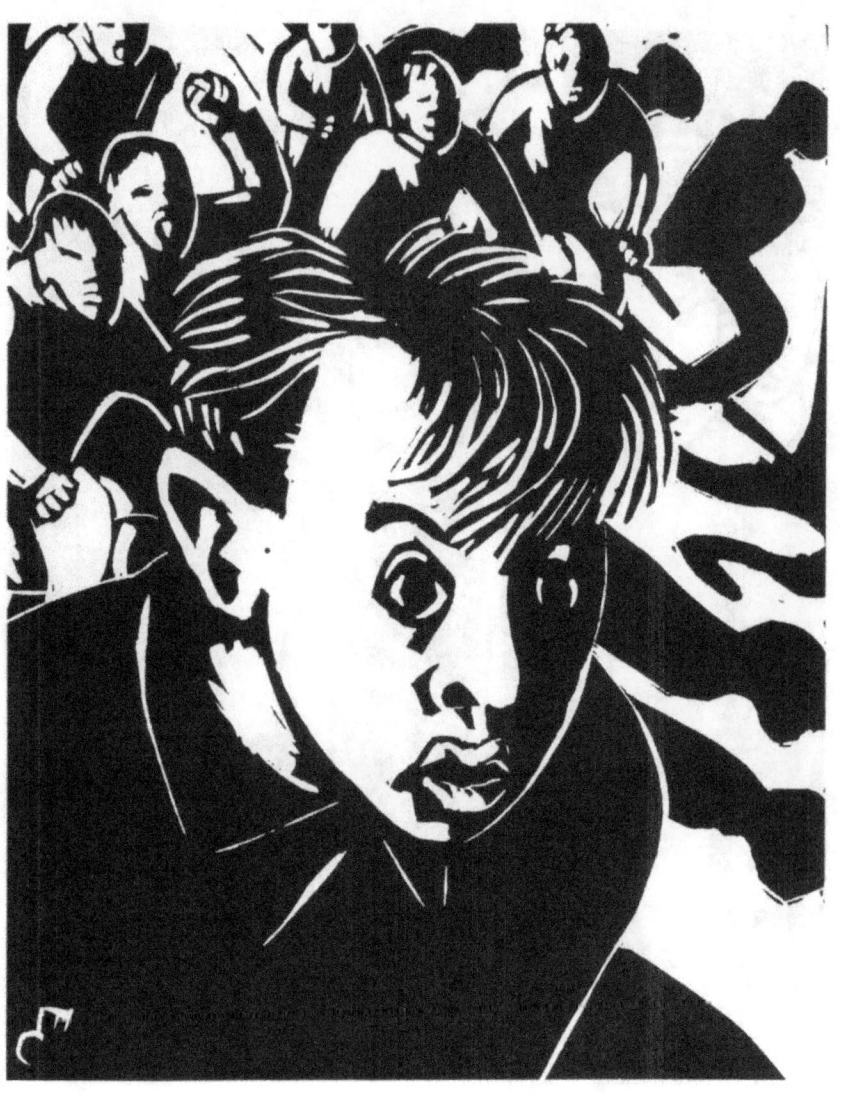

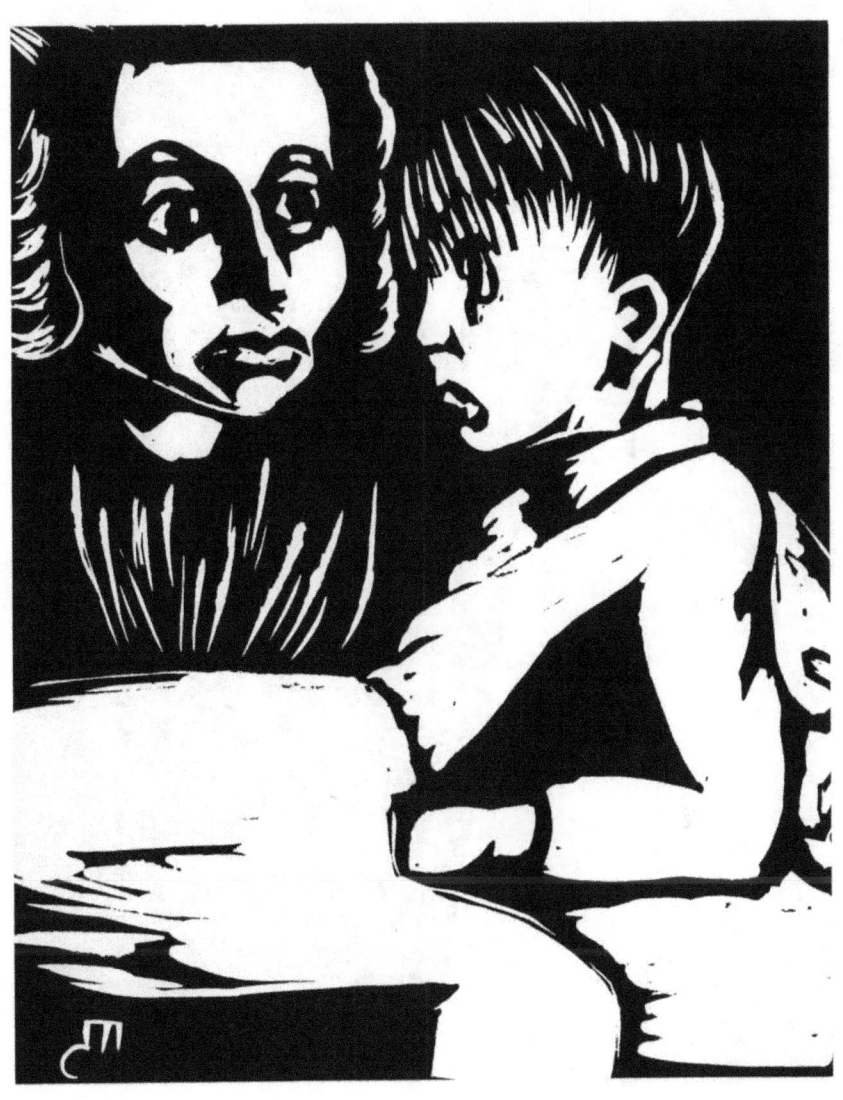

Die Nächte der Angst

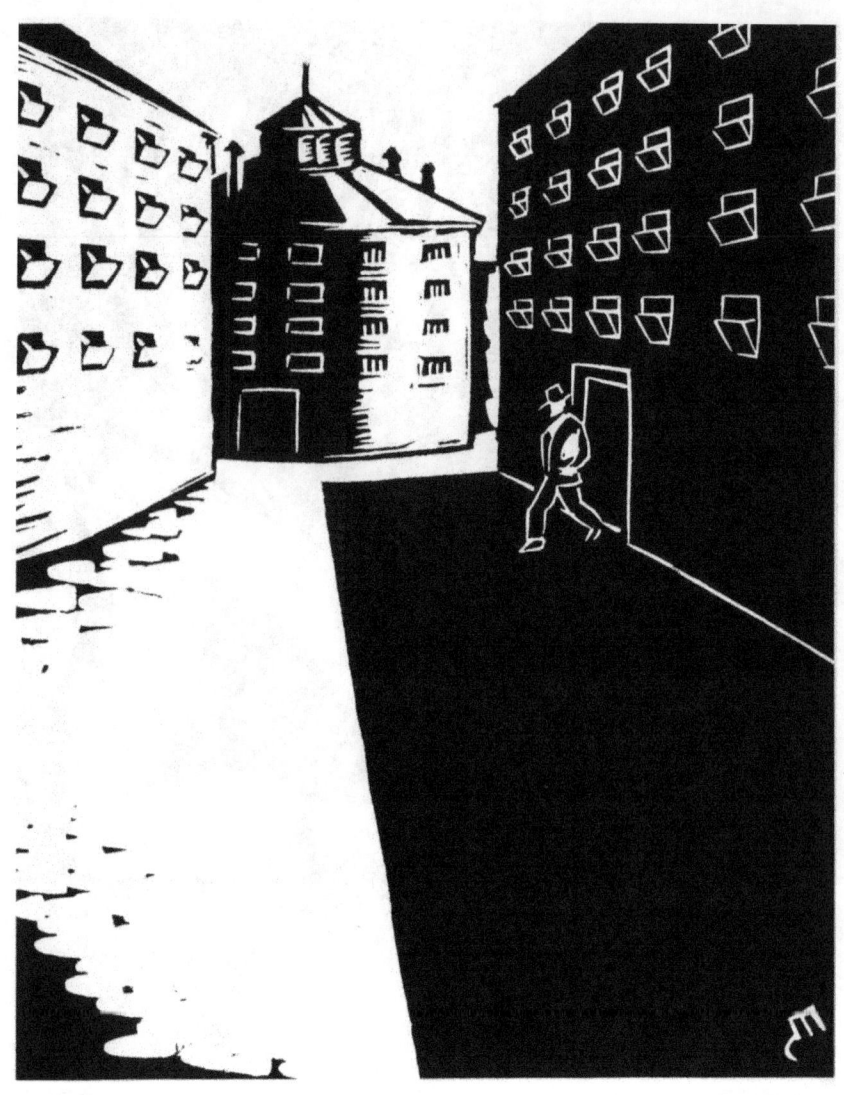

38 Einer der Gefangenen kehrt zurück

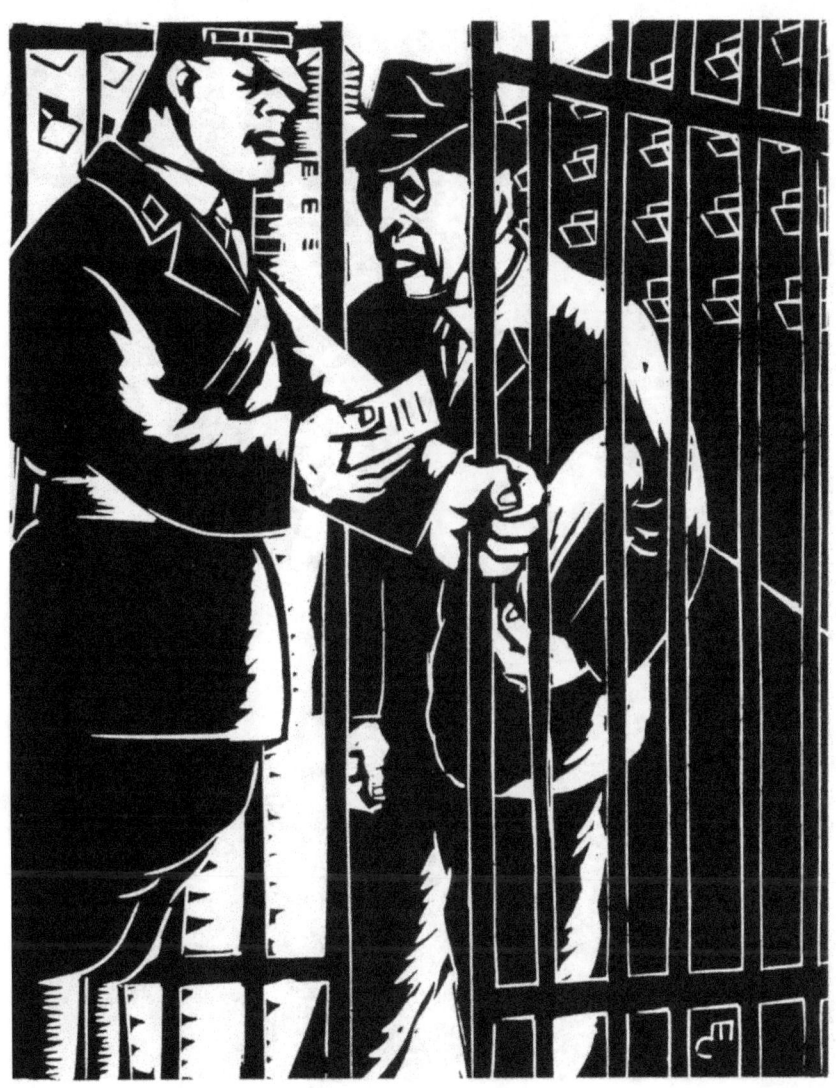

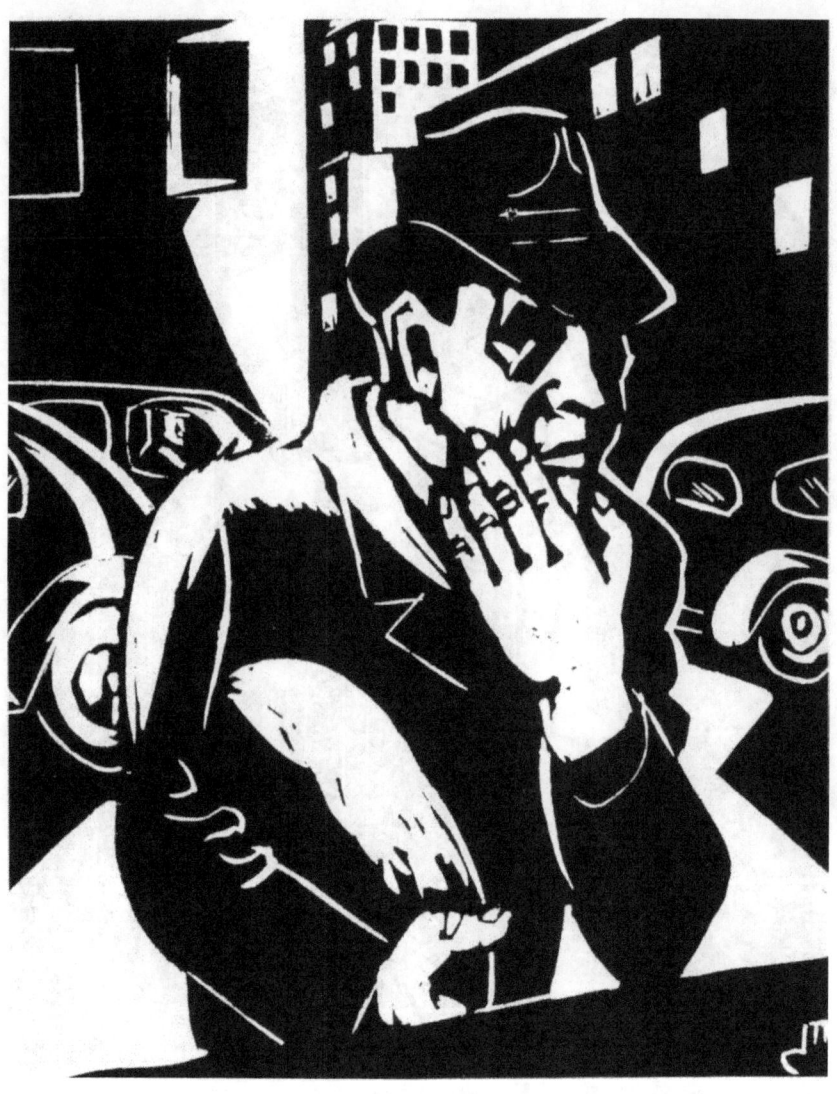

40   Zum ersten Mal sieht er sein Gesicht in einem Schaufenster

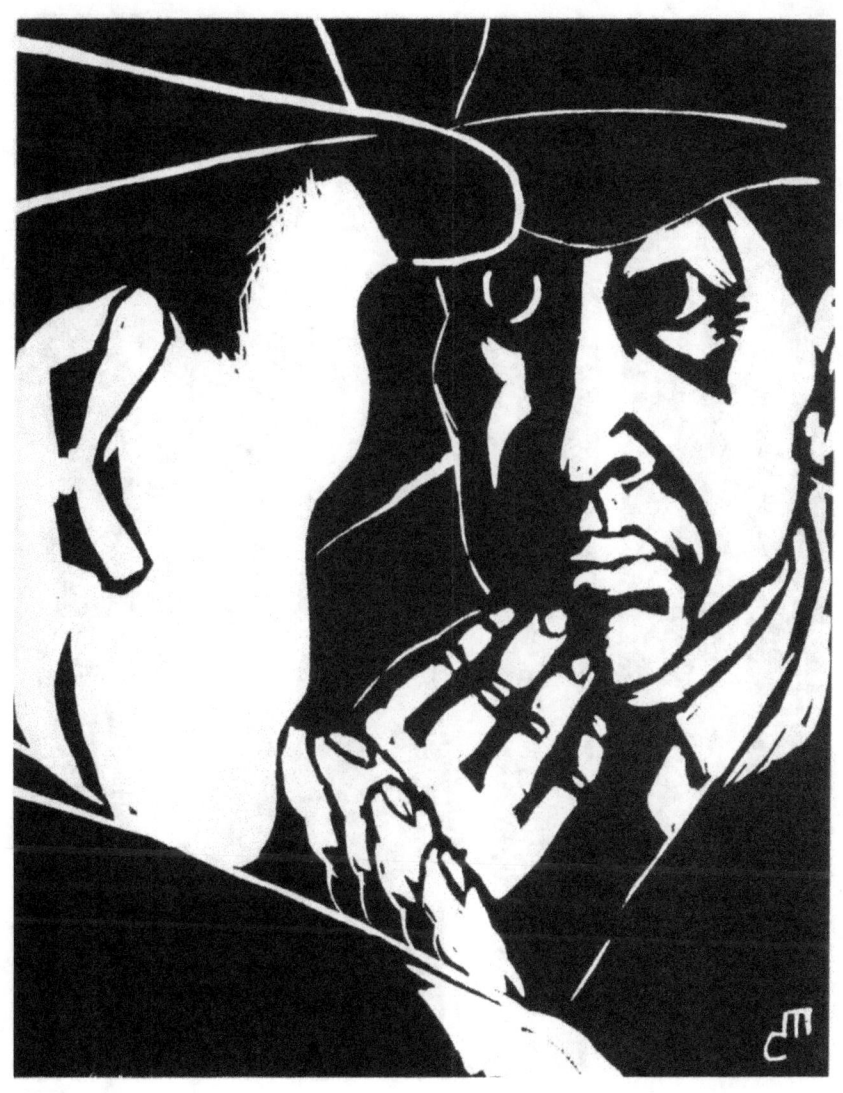

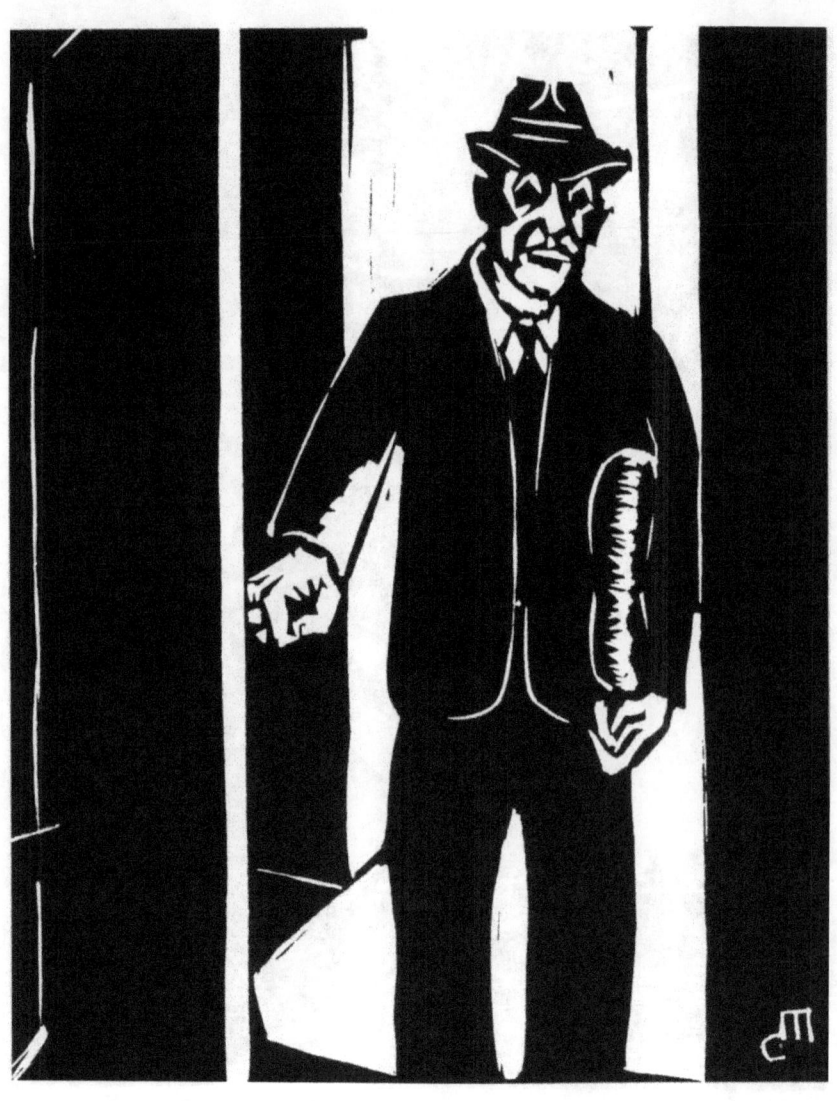

42   Sein Zuhause

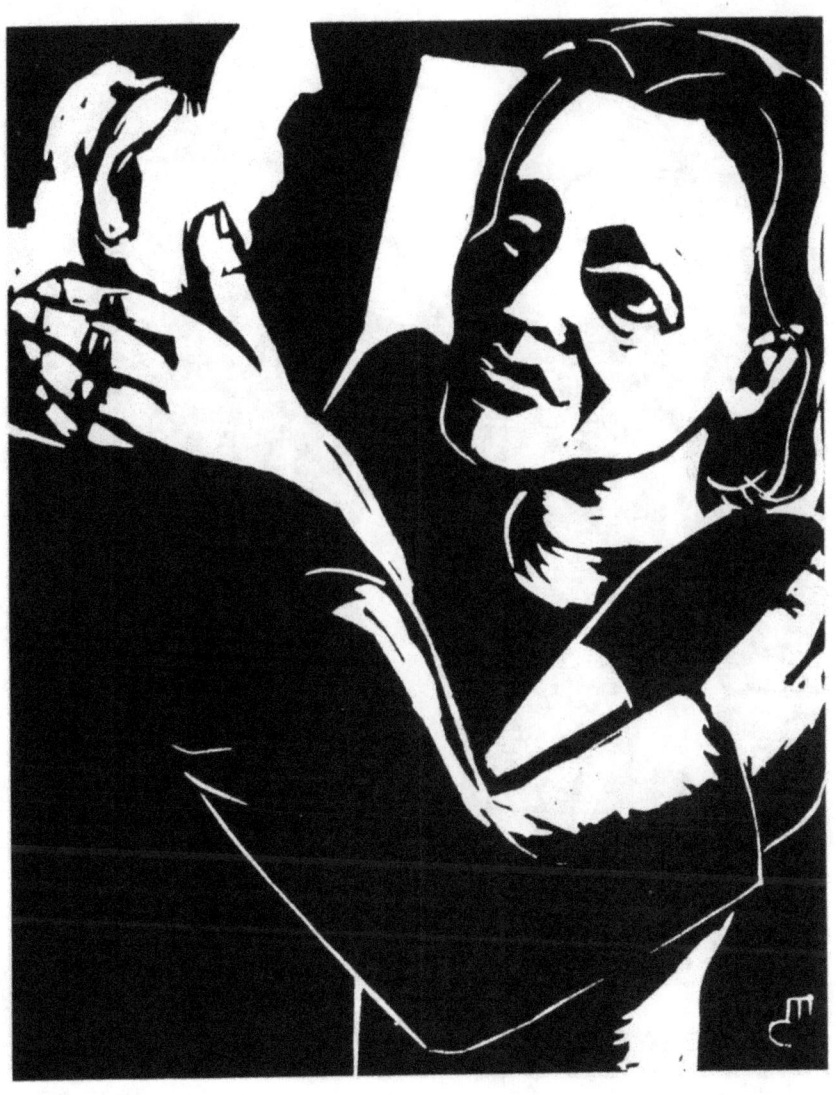

Seine Frau 43

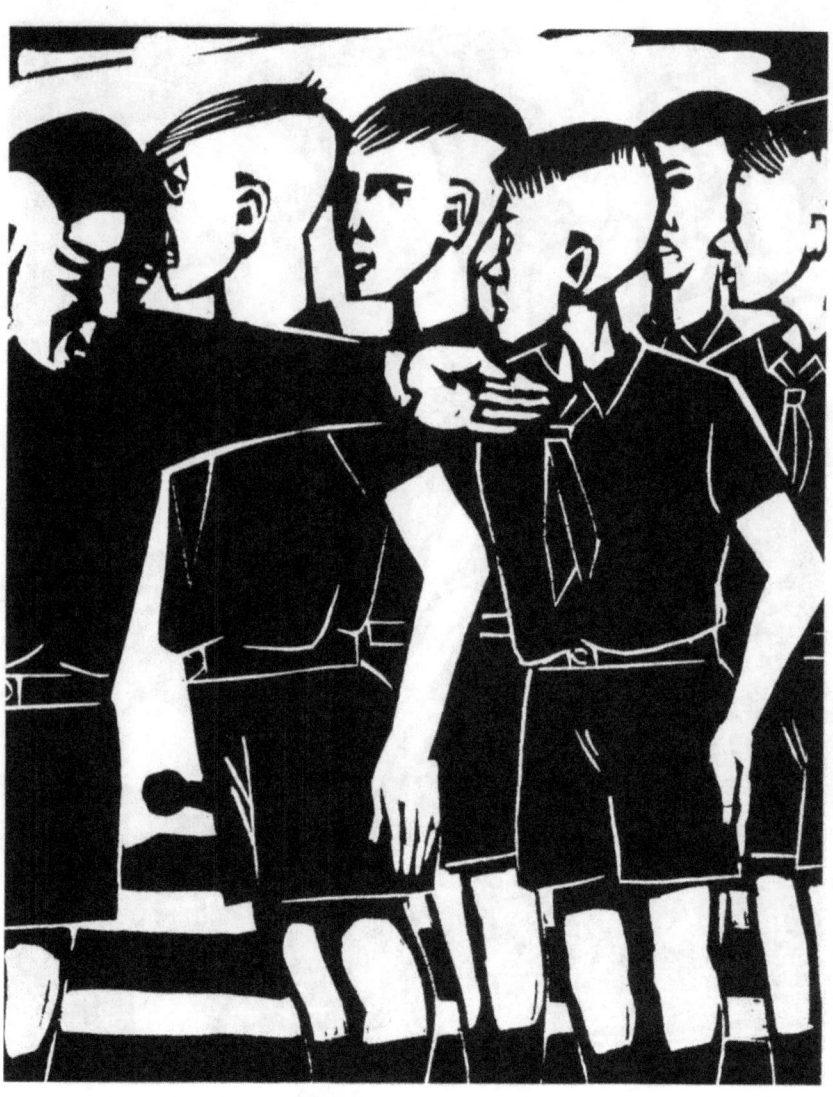

44 Hitlerjugend

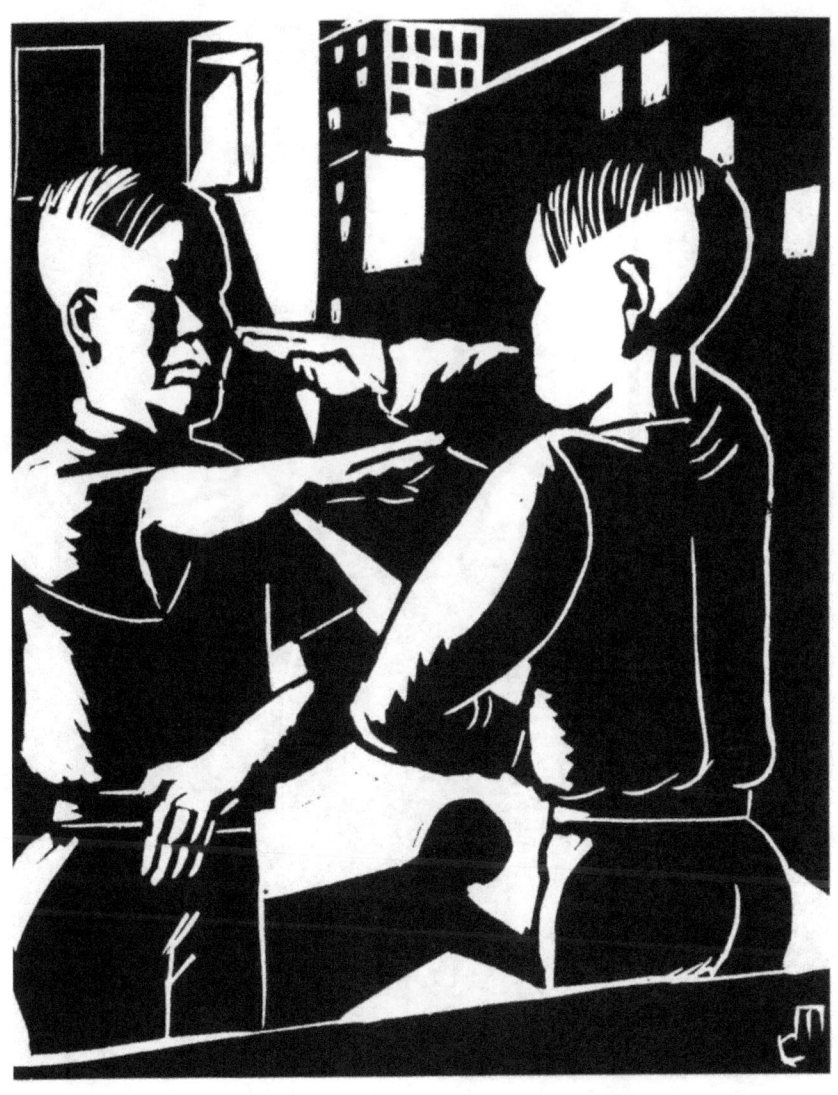

Sein Sohn 45

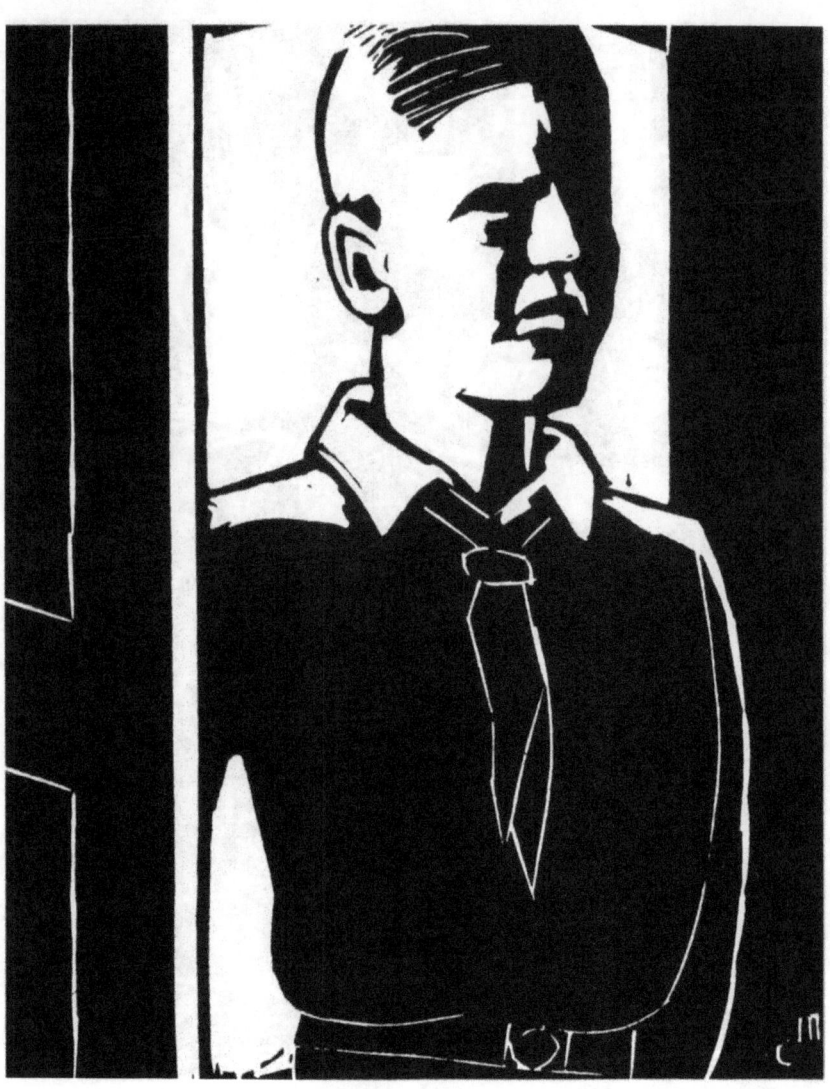

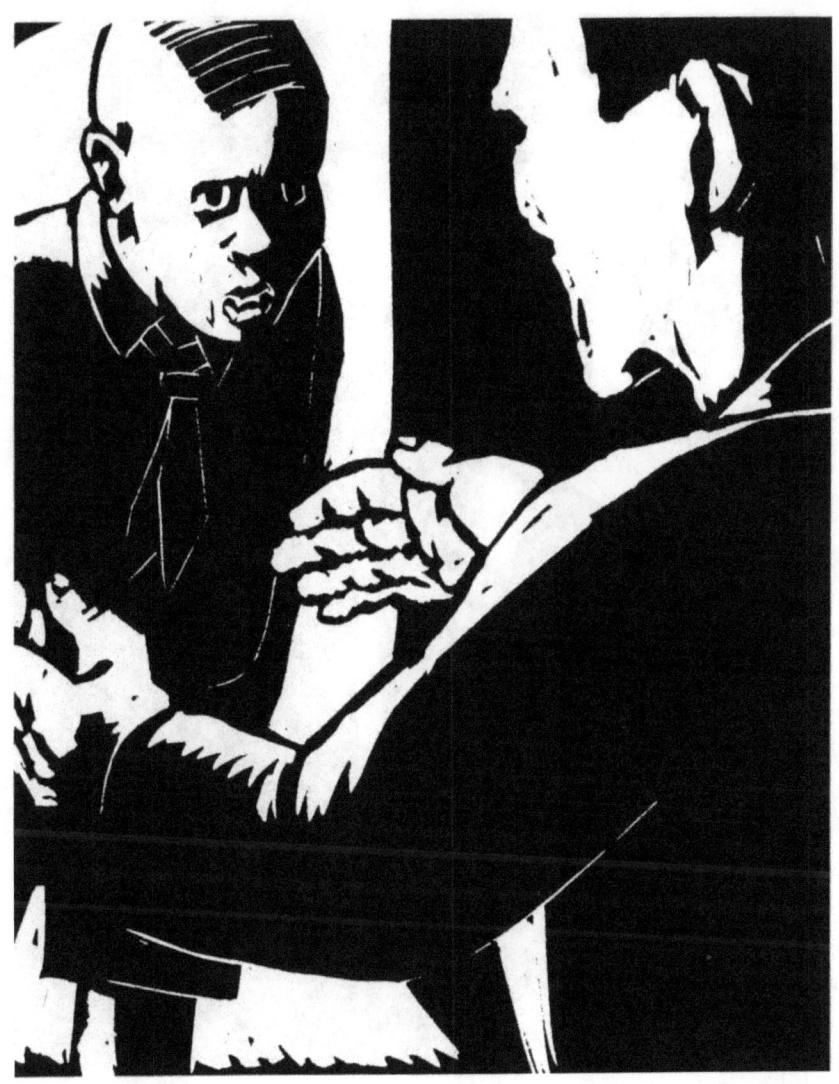

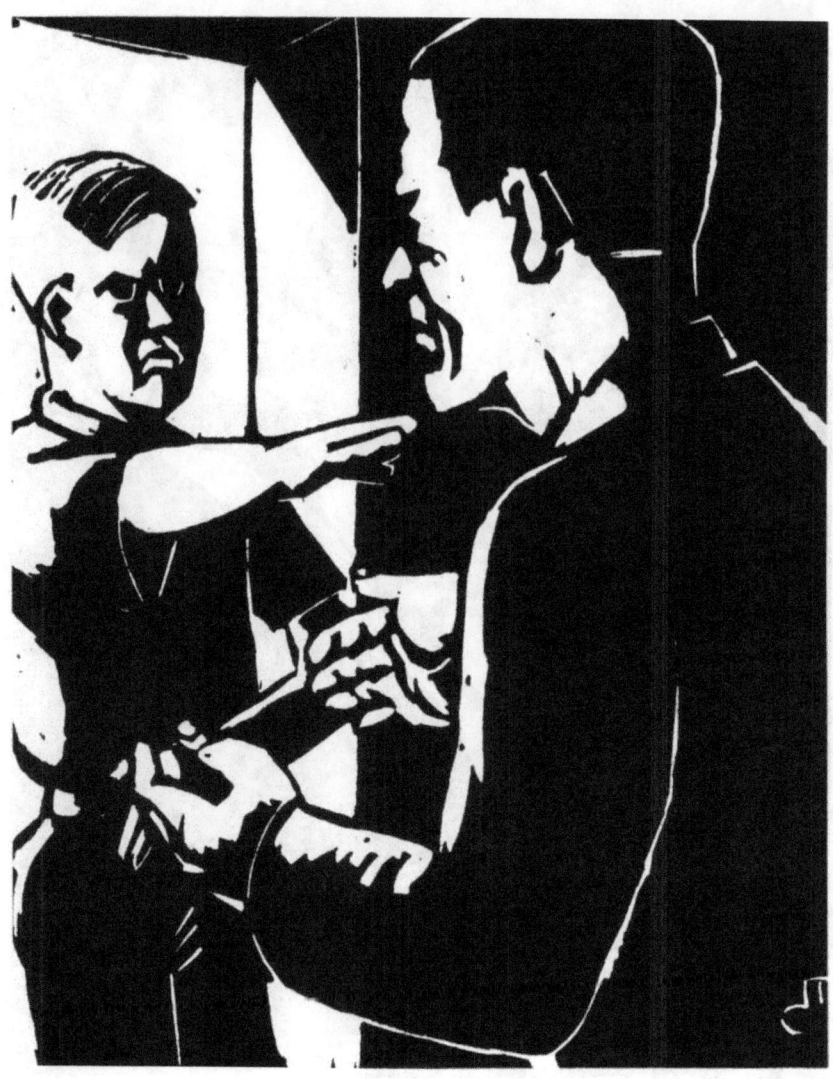

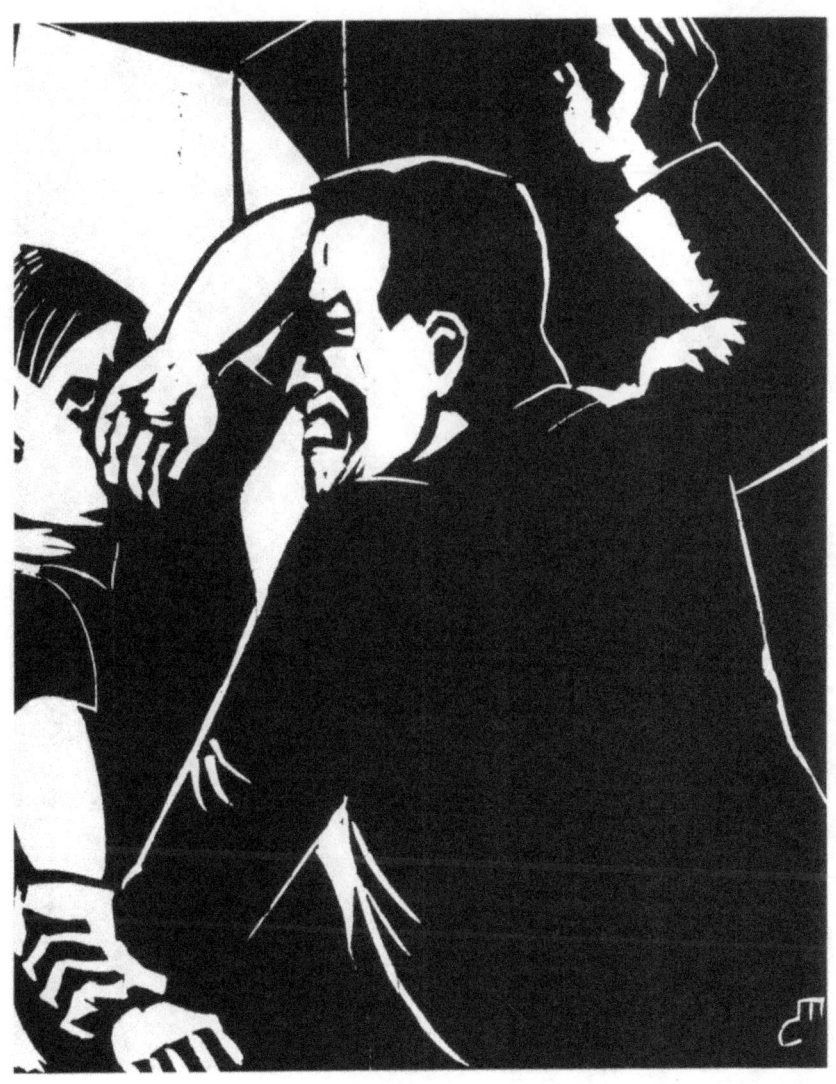

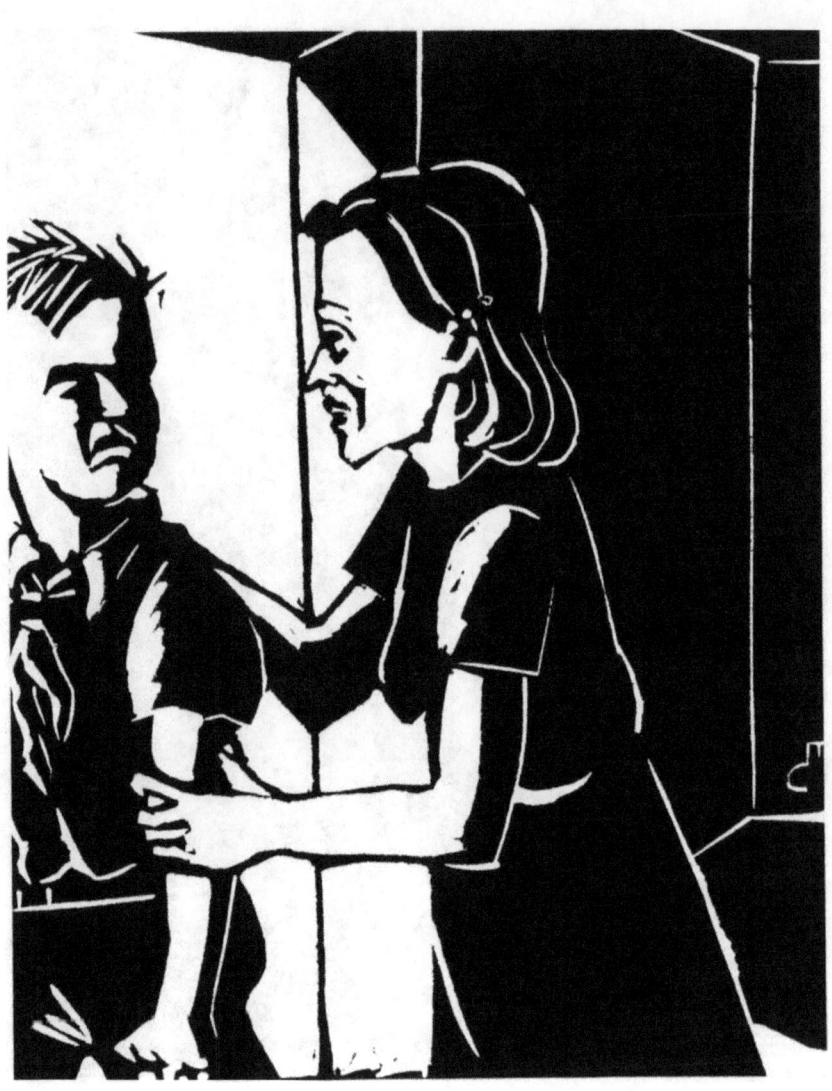

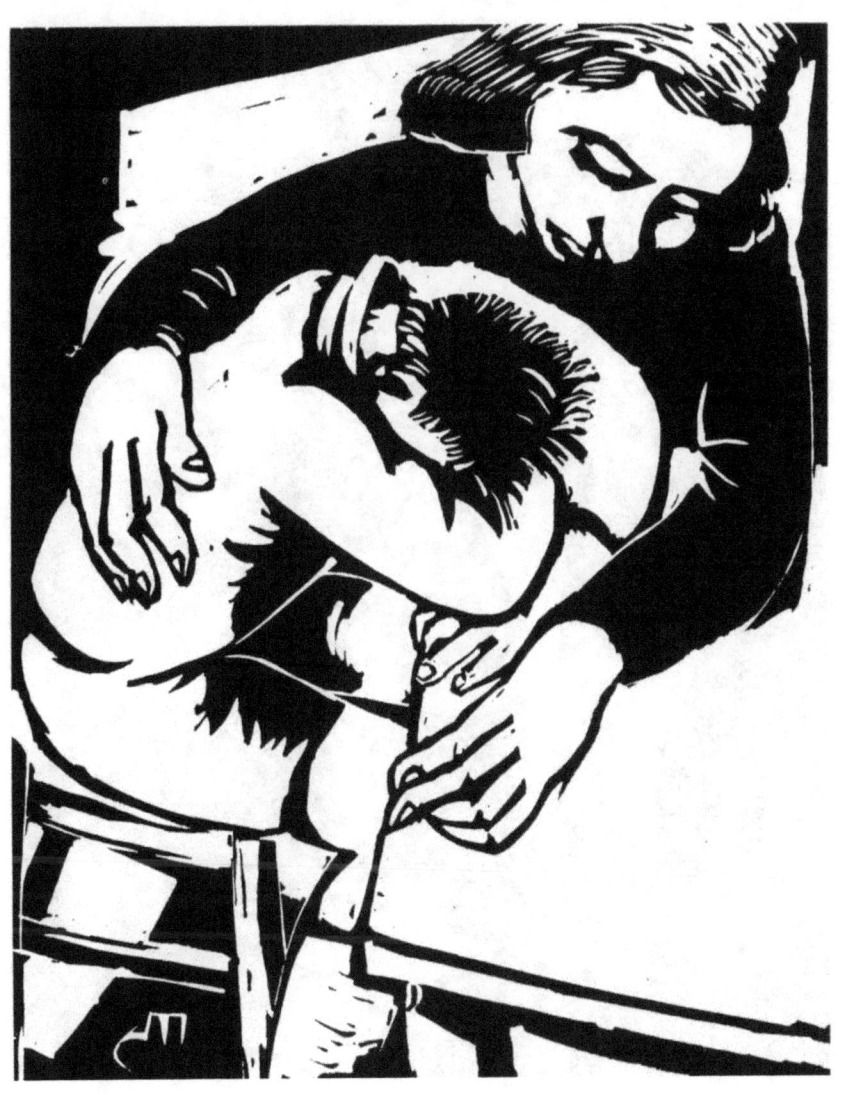

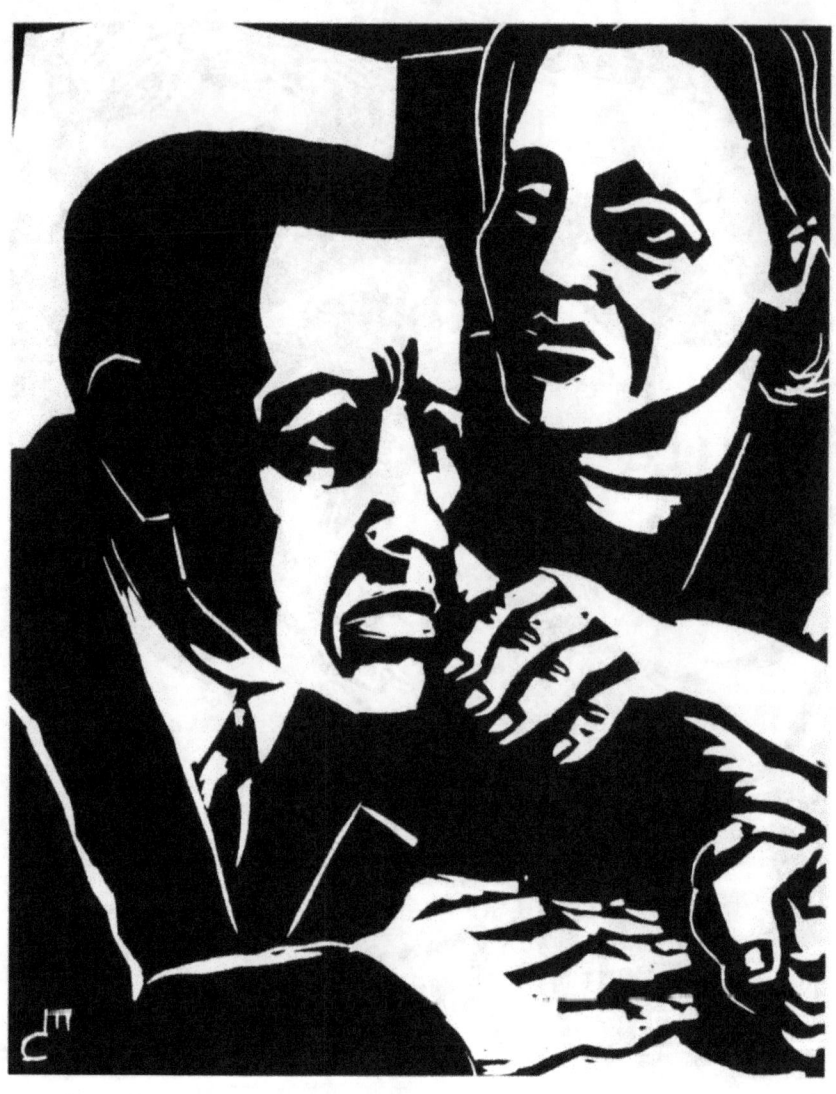

52 Was können wir tun?

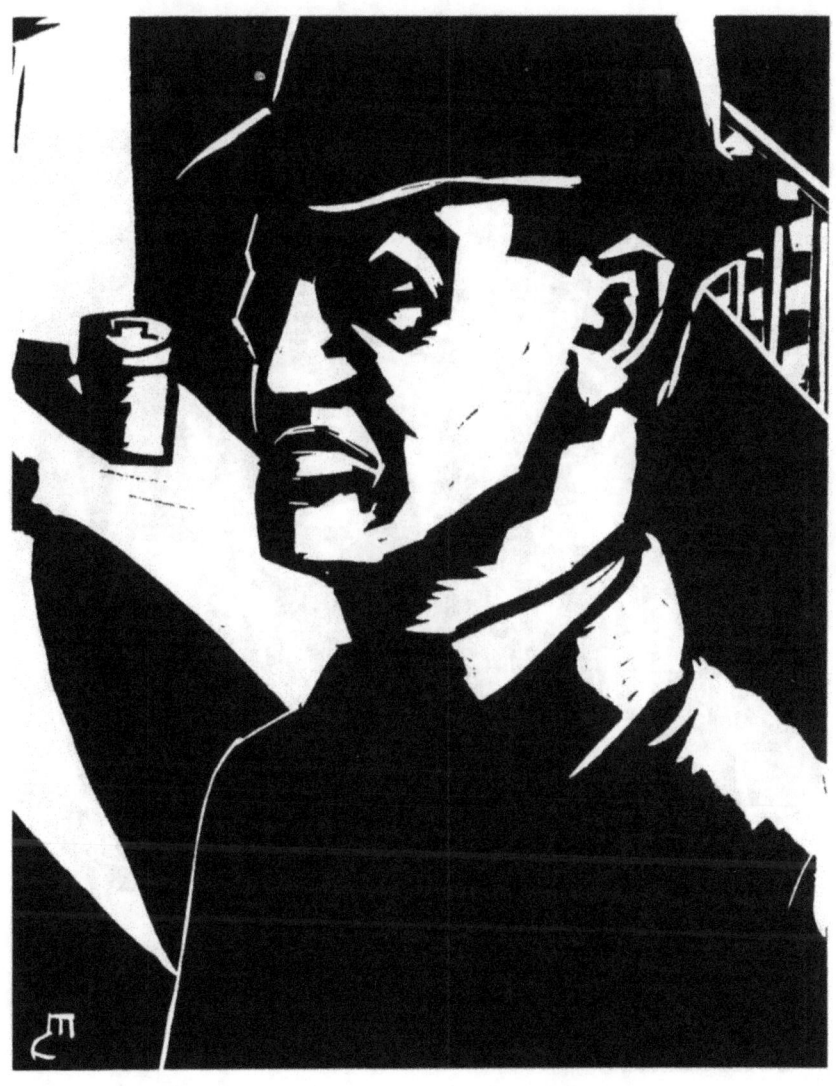

Der erste Ausgang

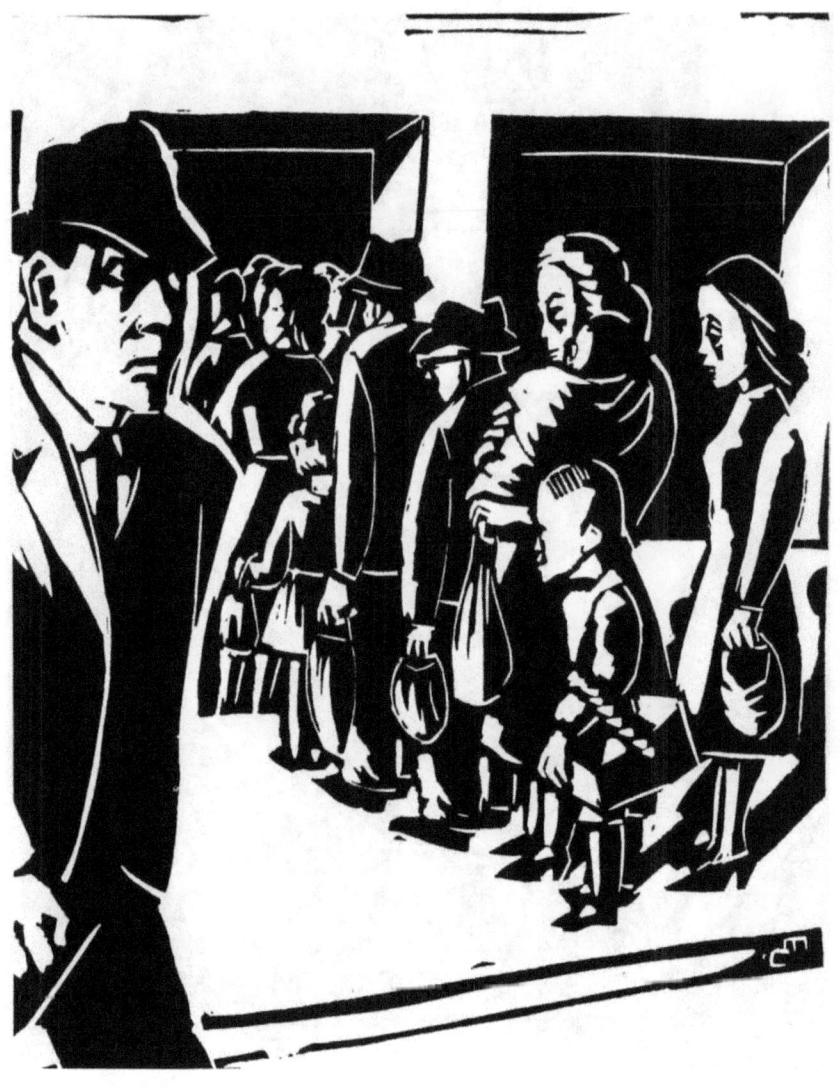

54 Die Straße

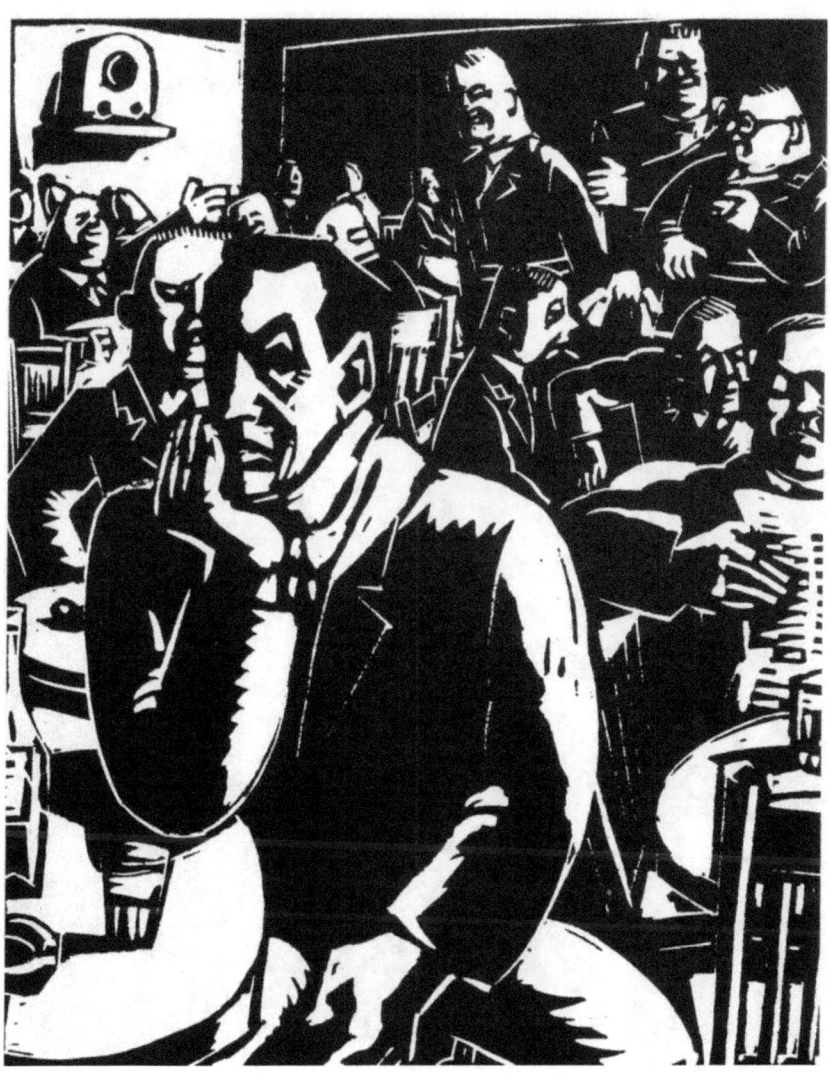

Sein altes Caffee 55

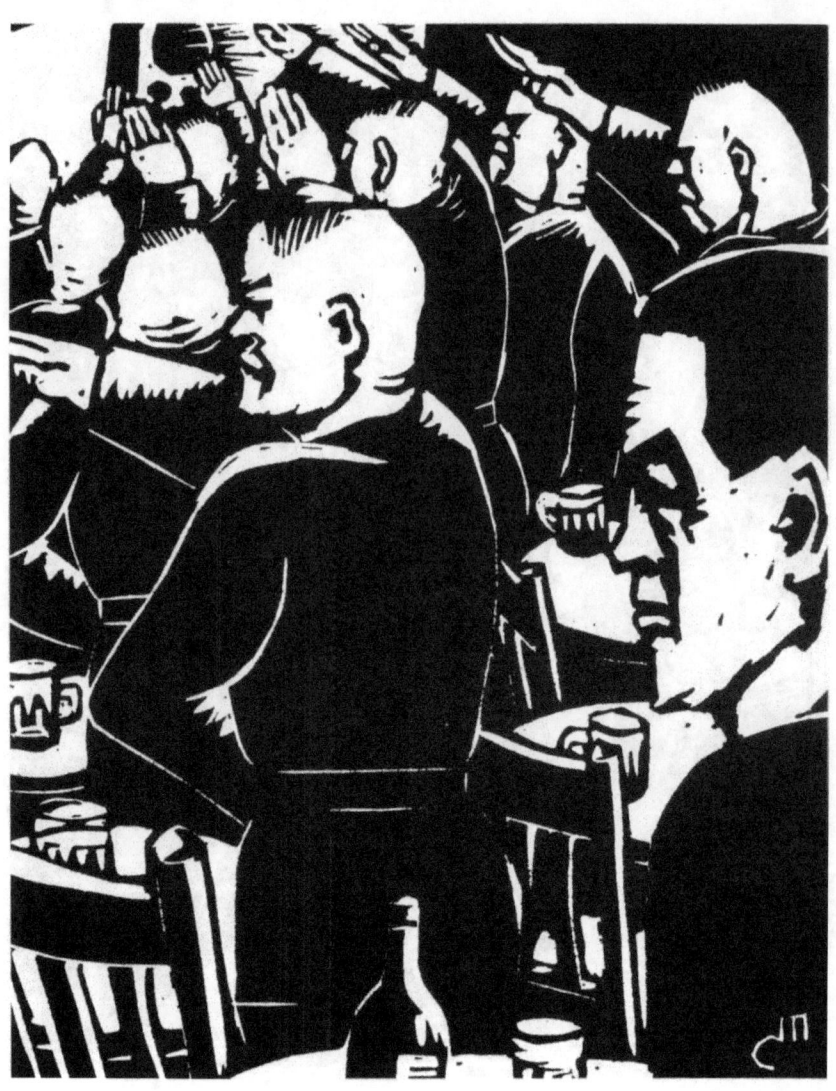

56 Der Führer spricht

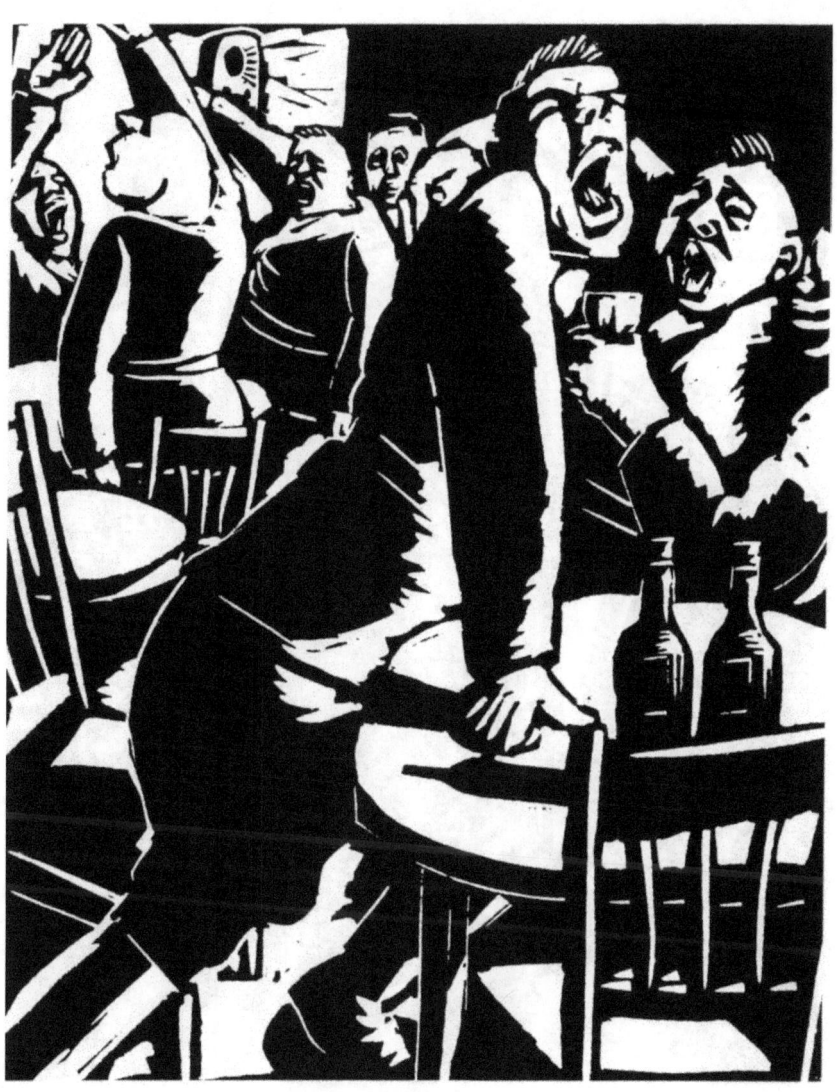

Es zittern die morschen Knochen ... 57

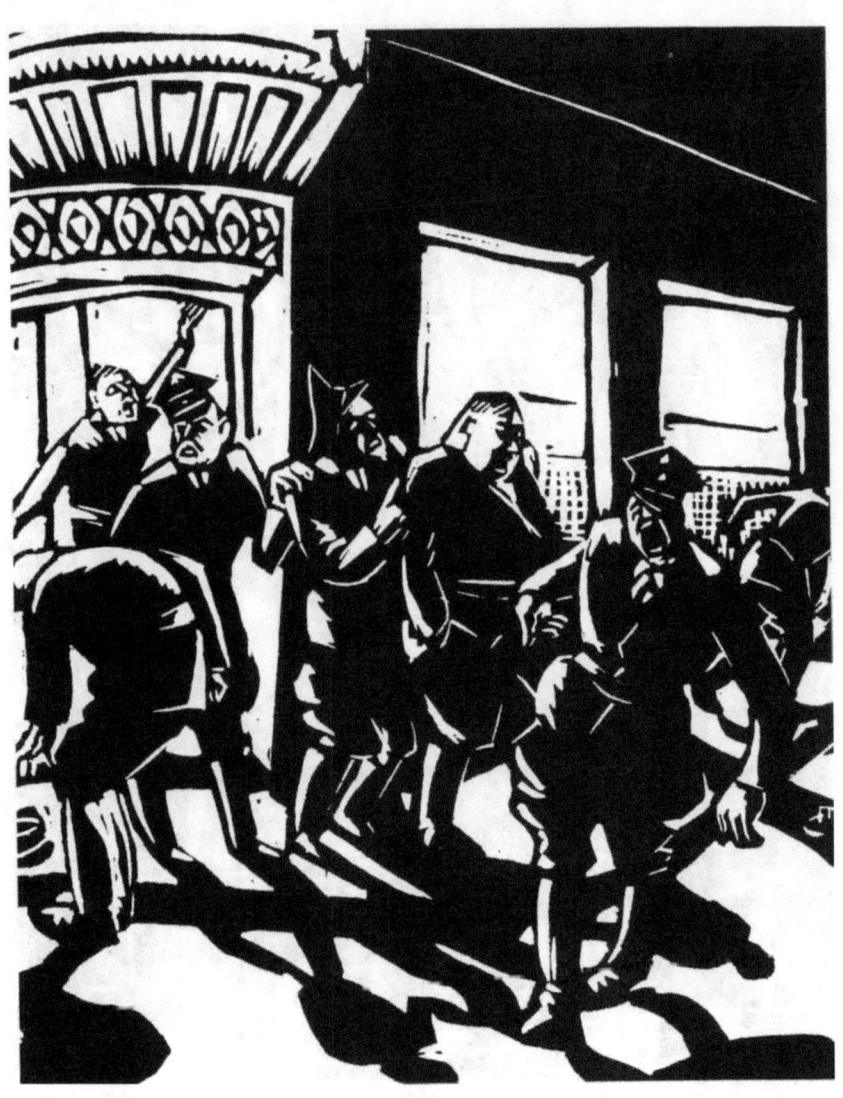

58   … der Welt vor dem großen Sieg

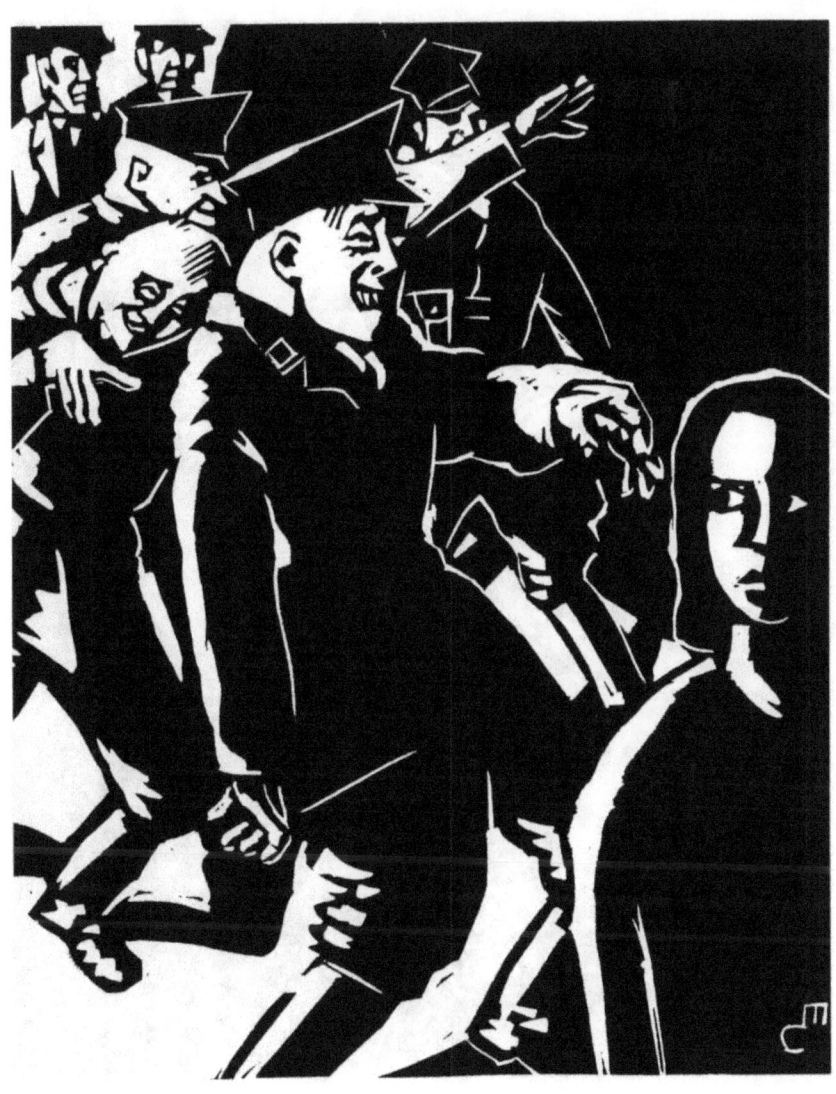

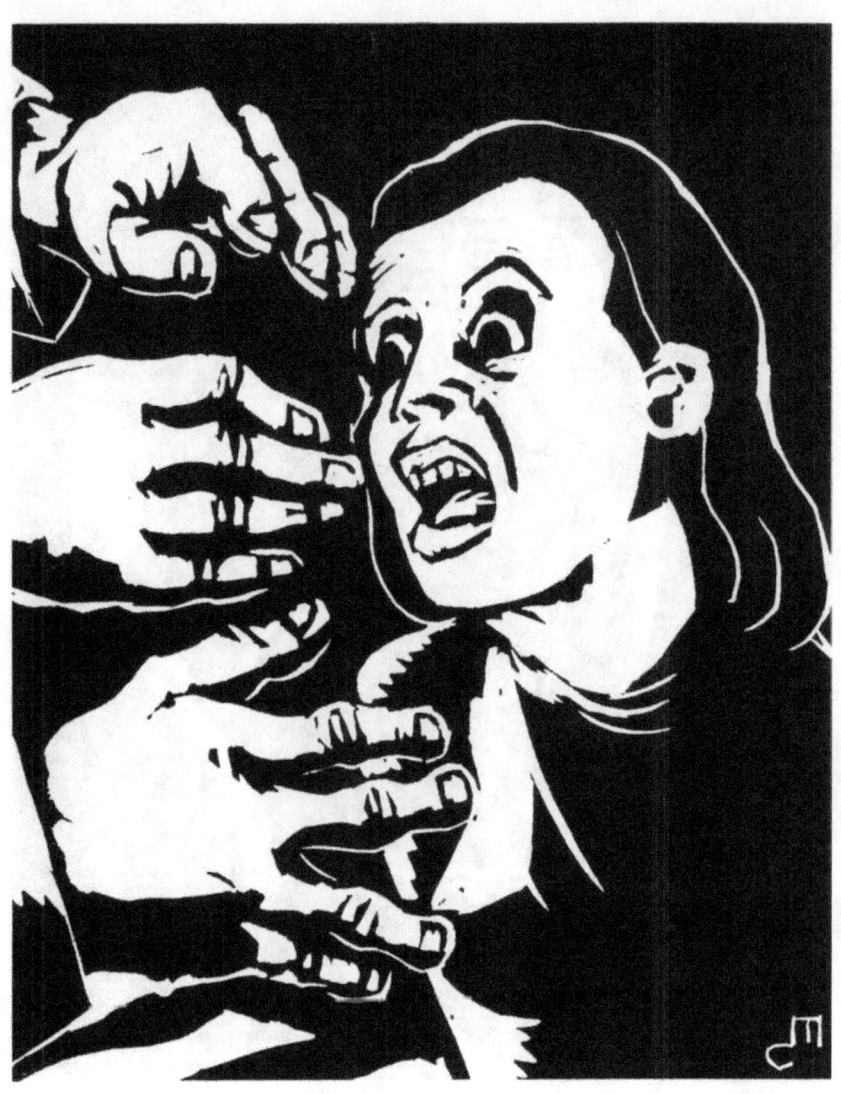

60 Eine Frau allein

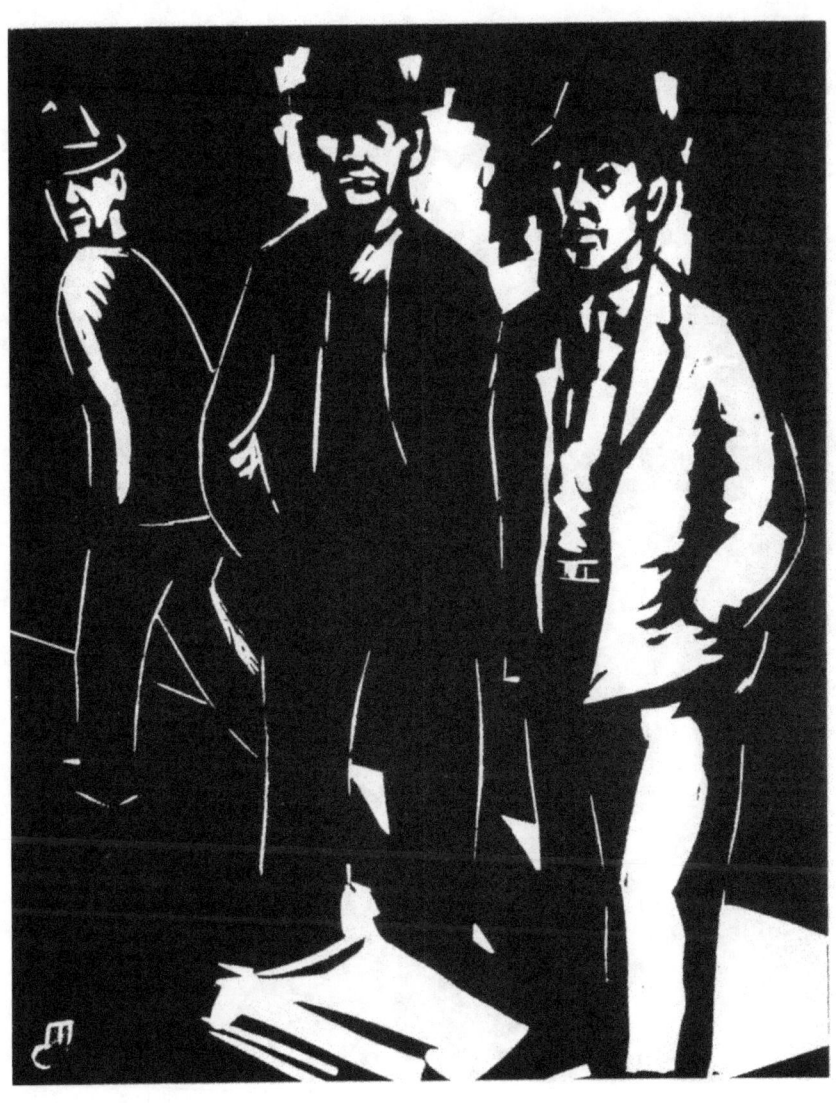

Die Beschützer

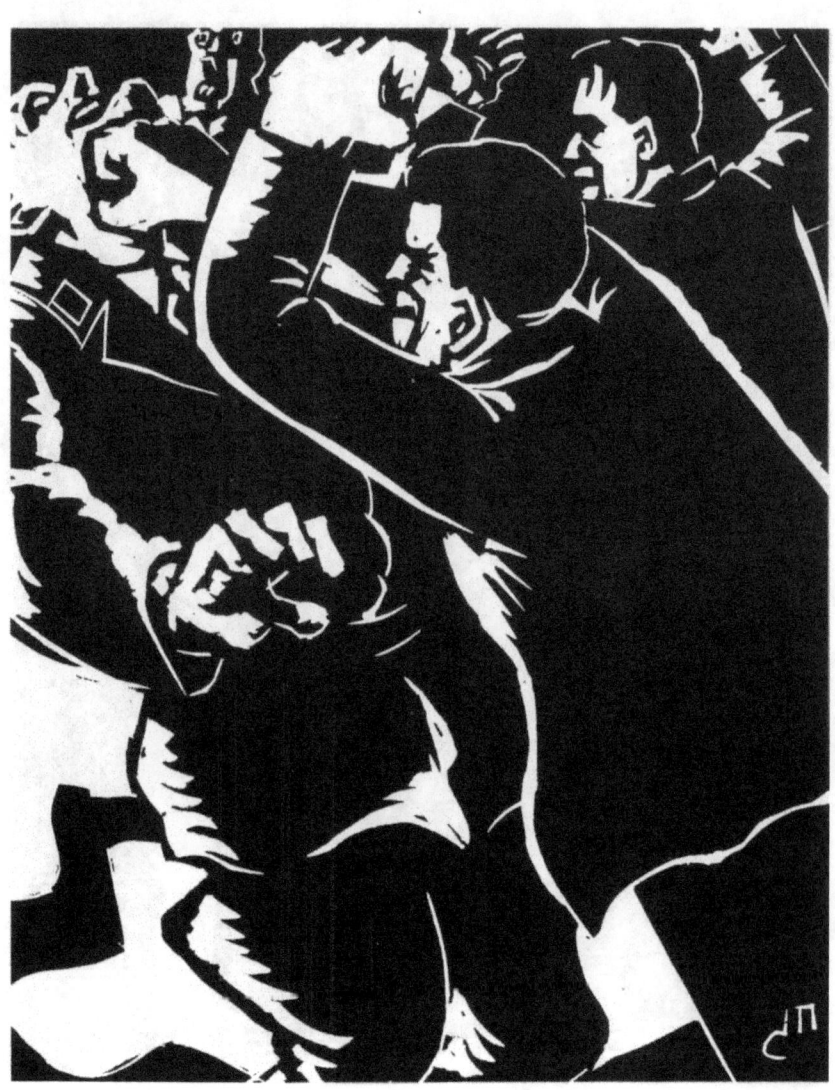

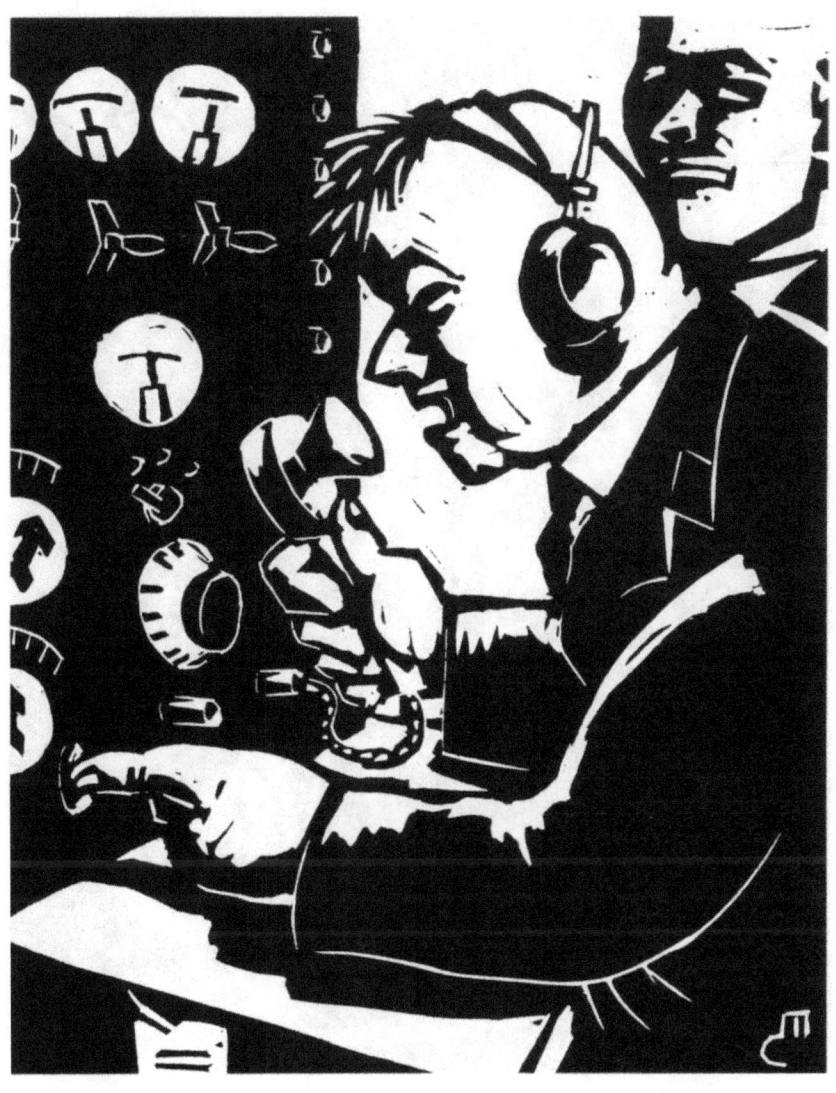

Alarm 63

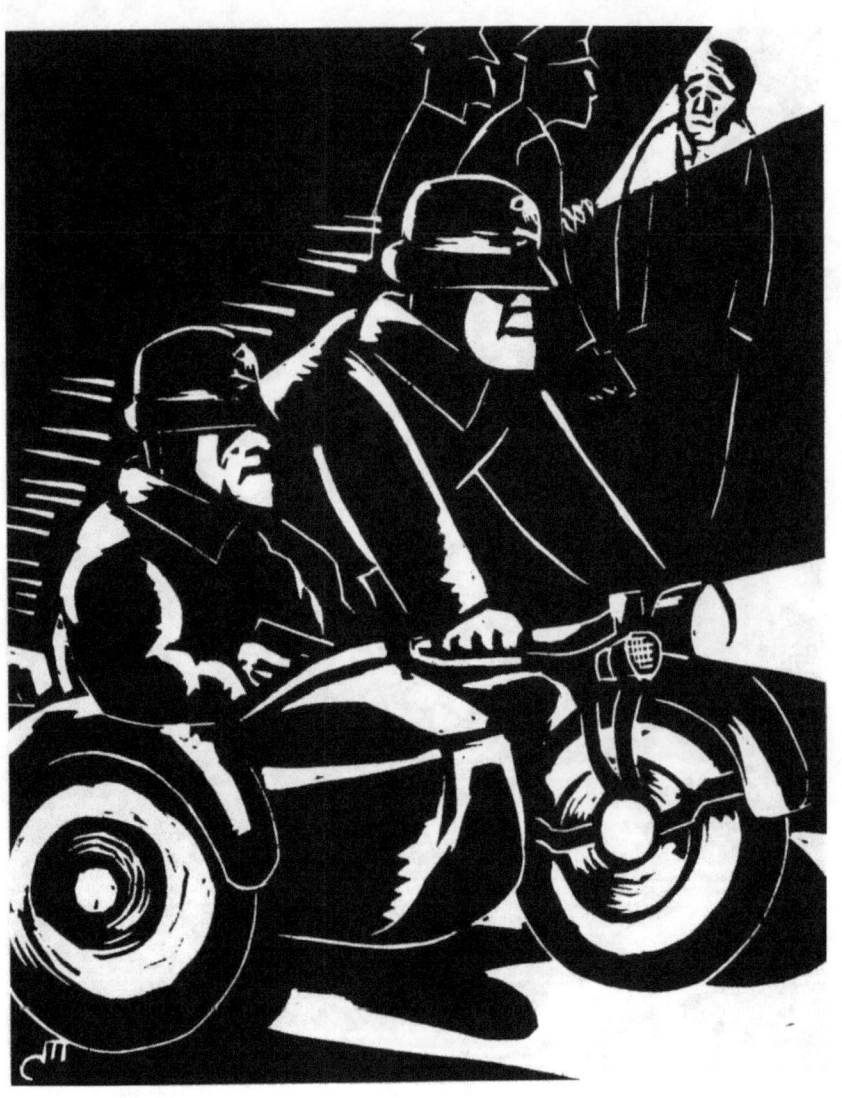

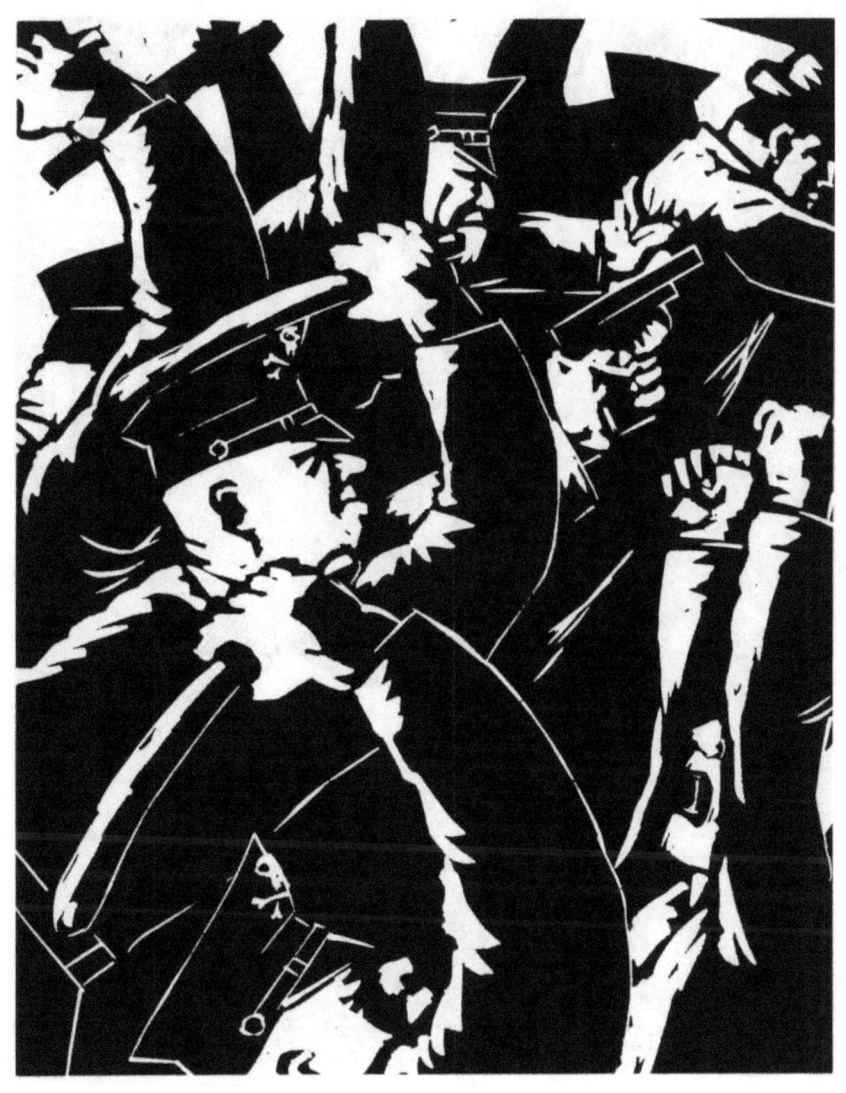

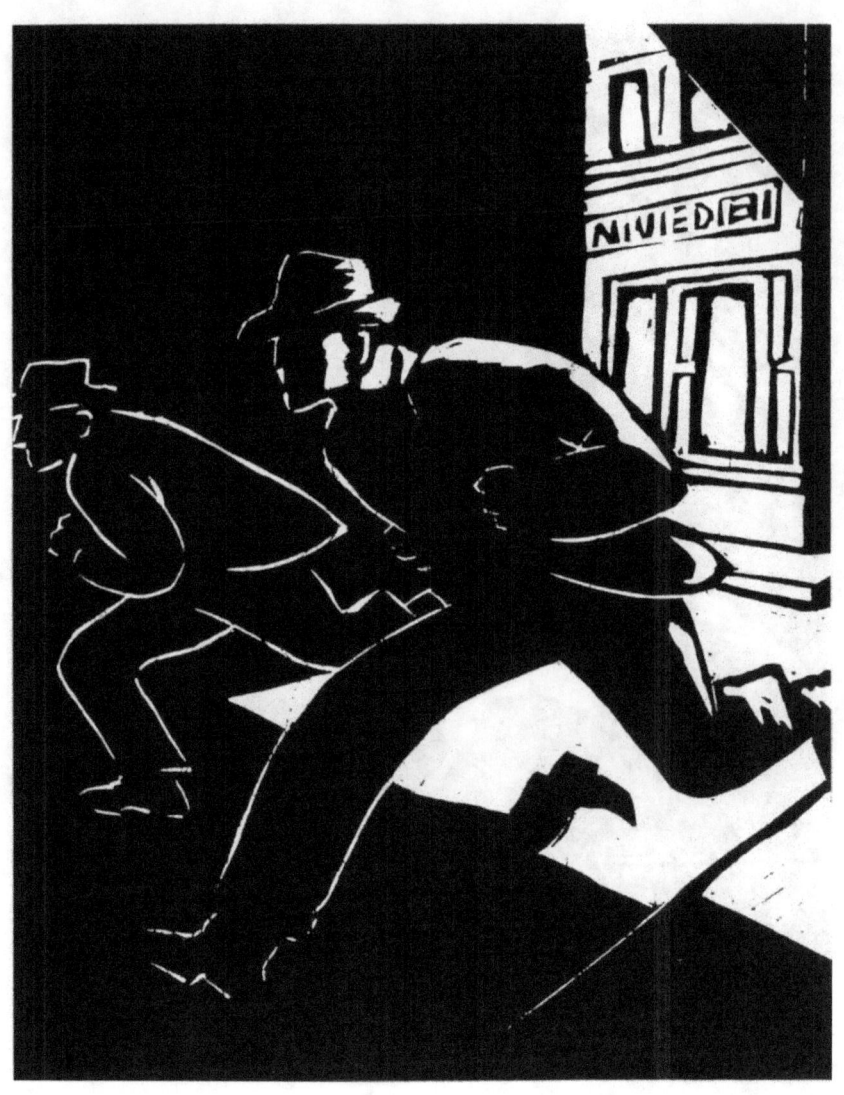

66 Die Verfolgung

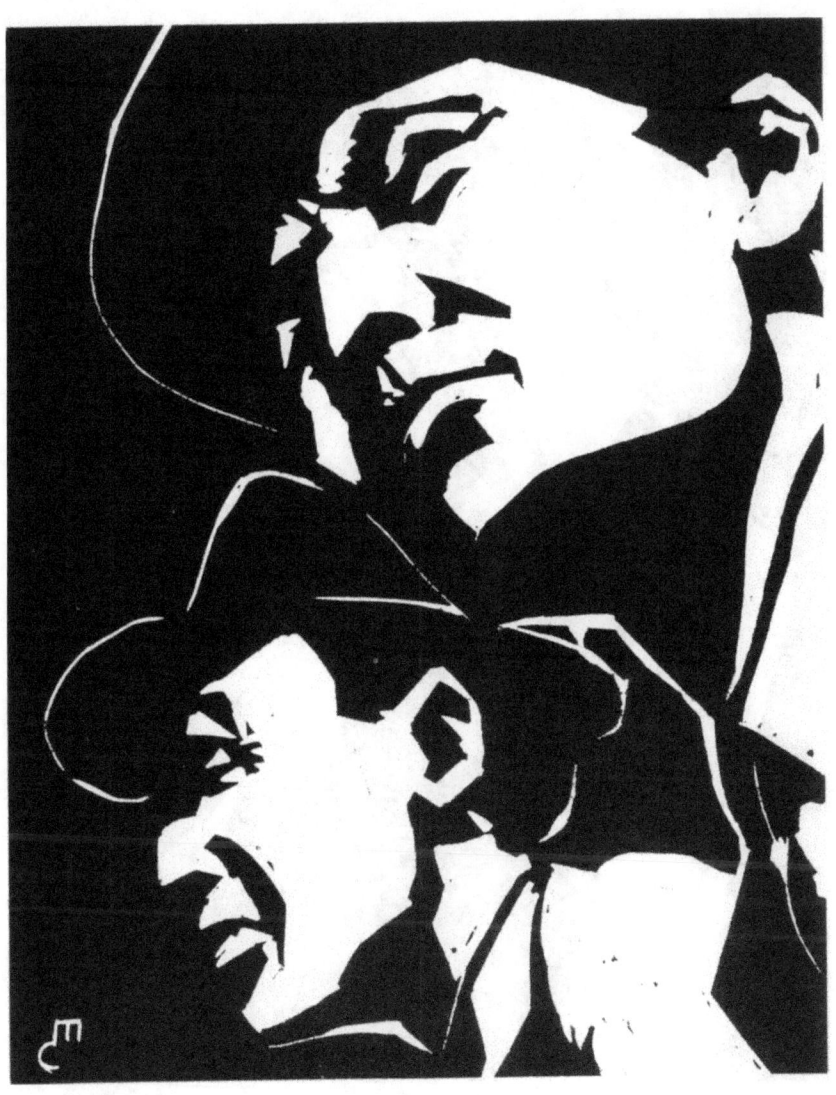

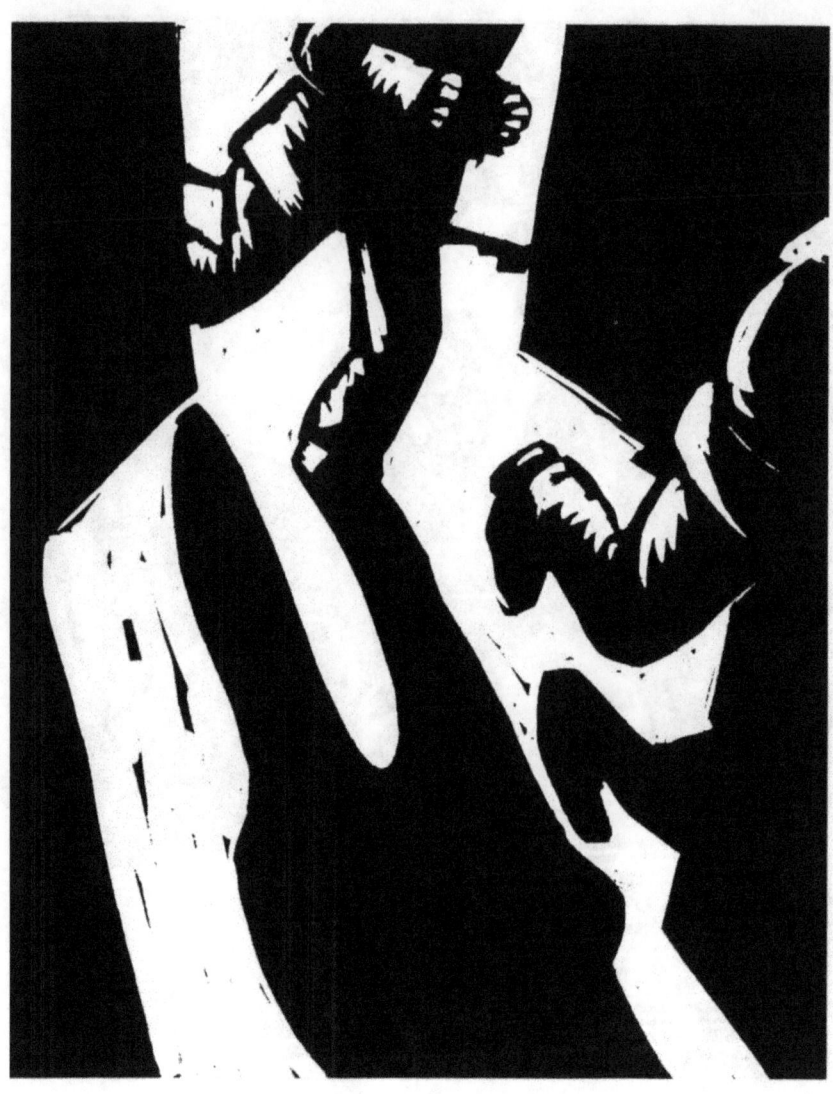

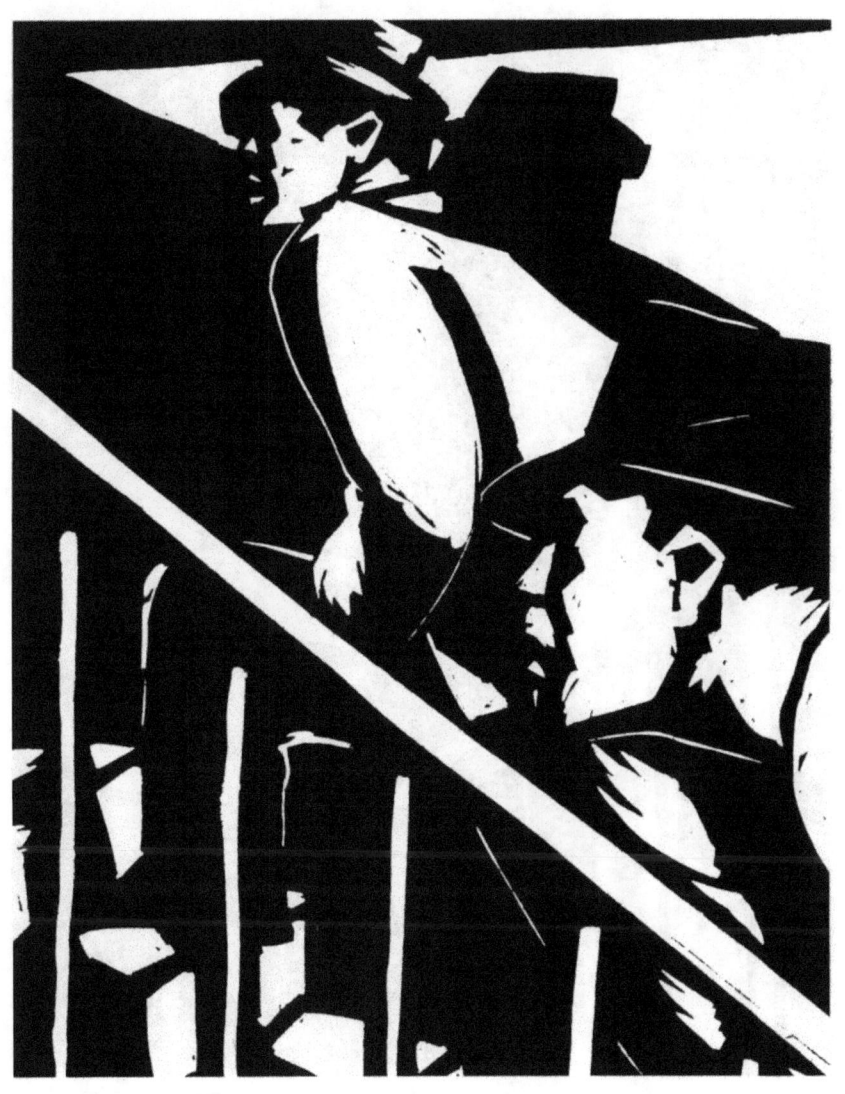

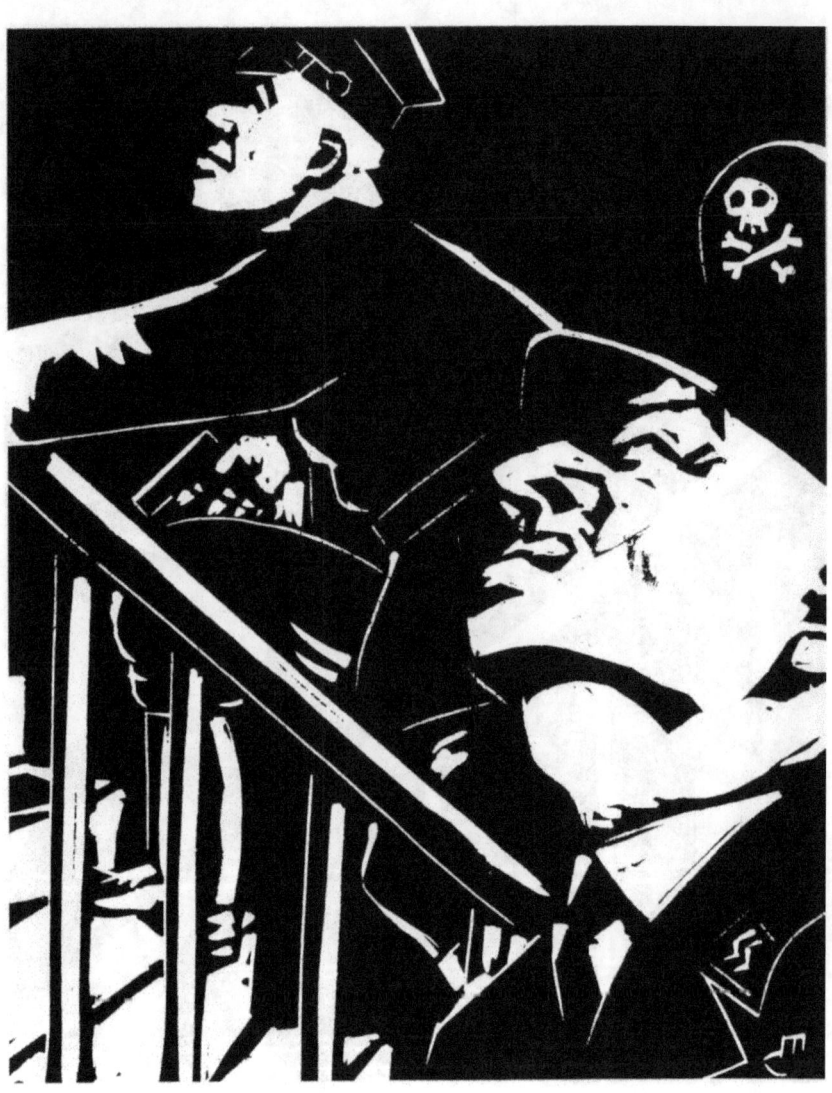

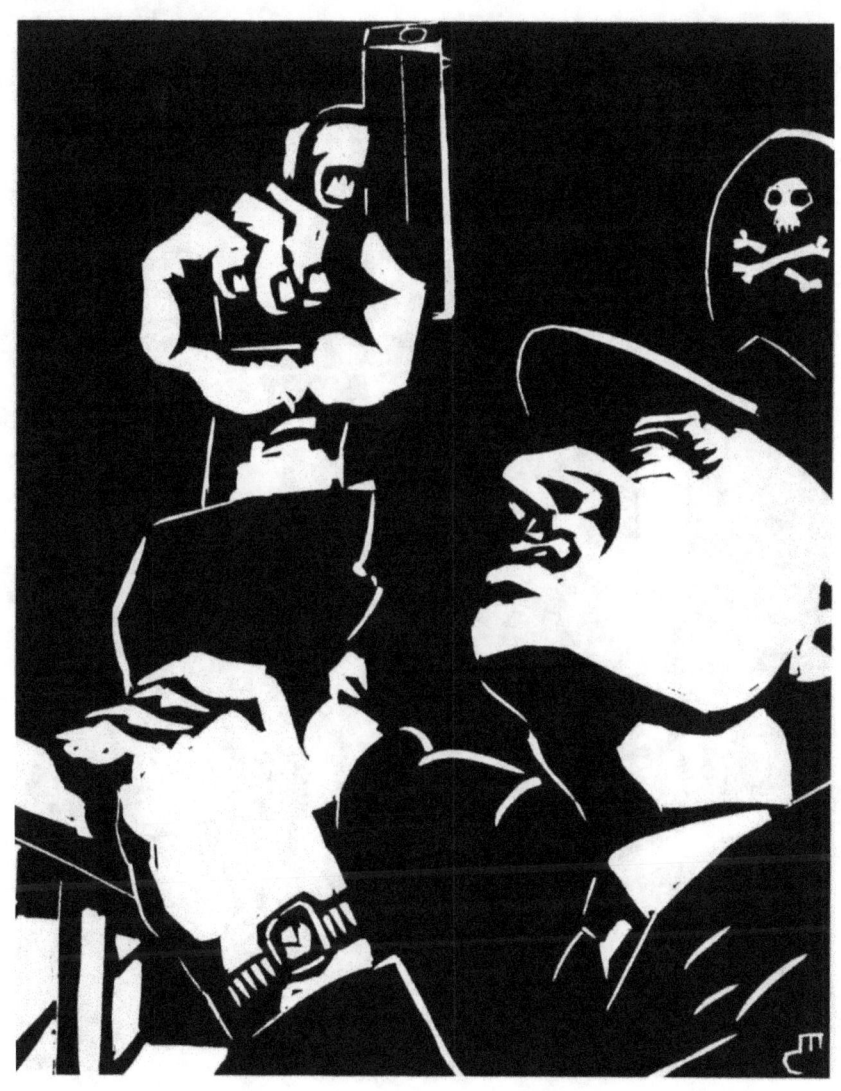

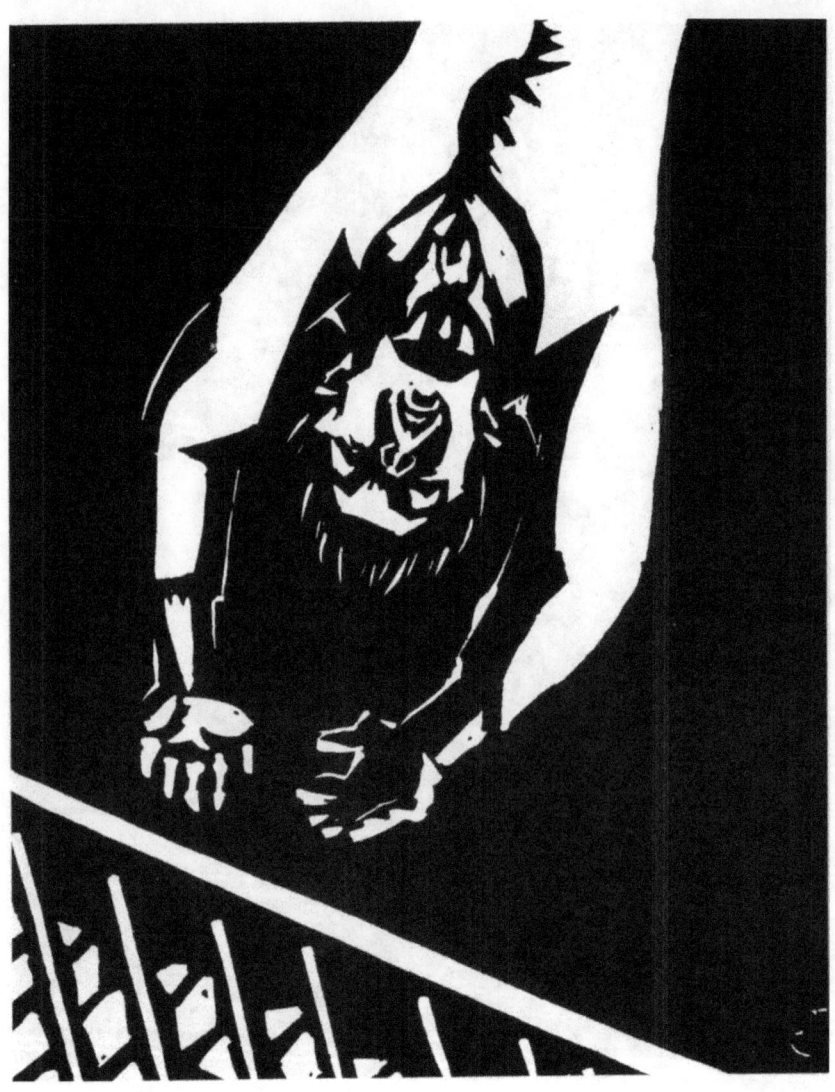

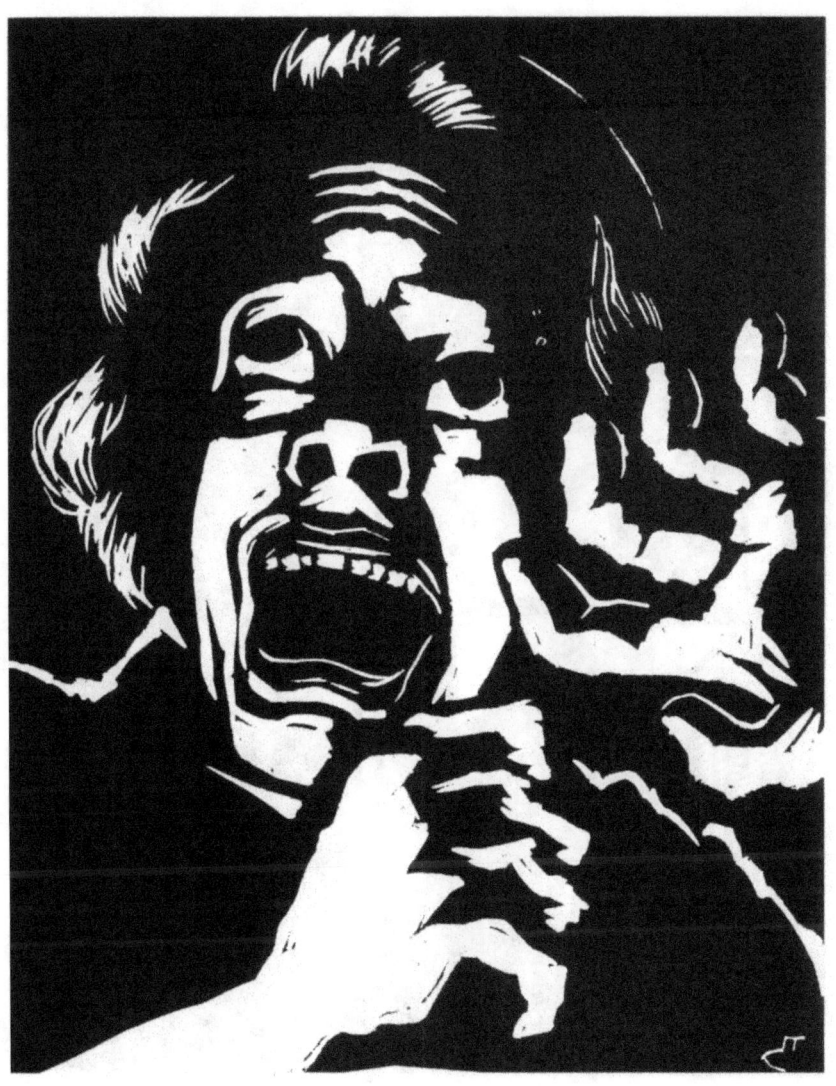

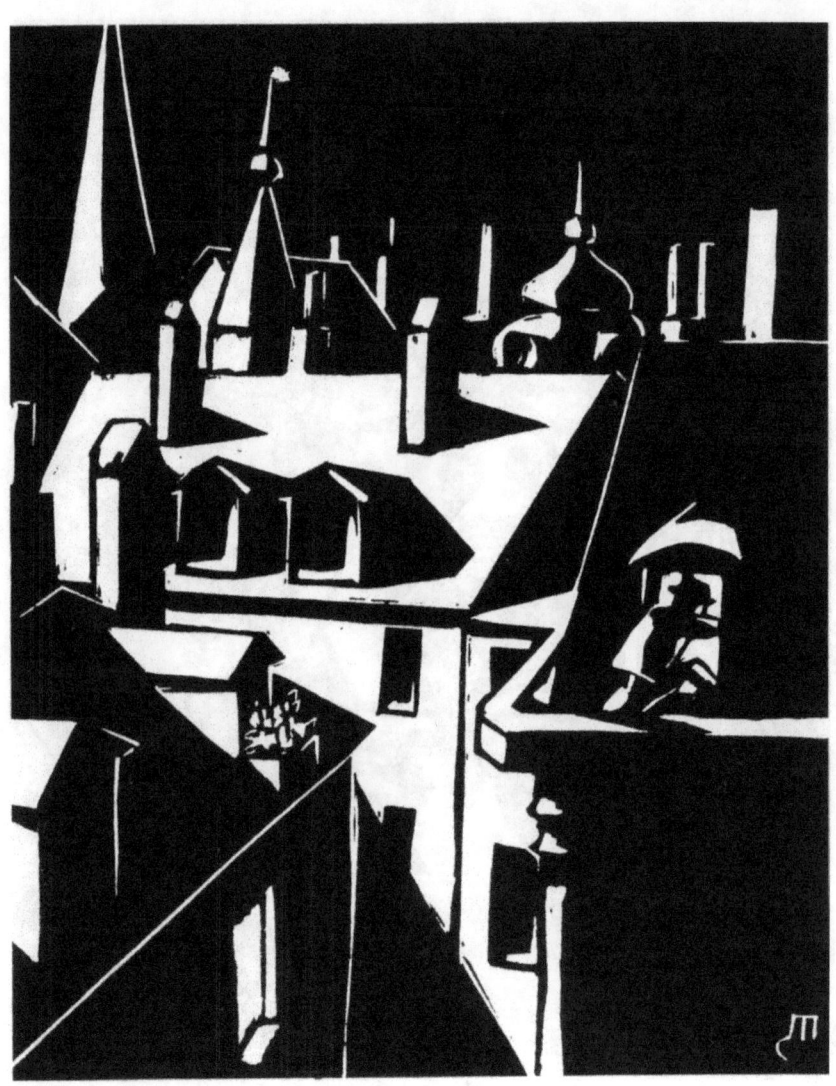

74 Einem gelingt die Flucht

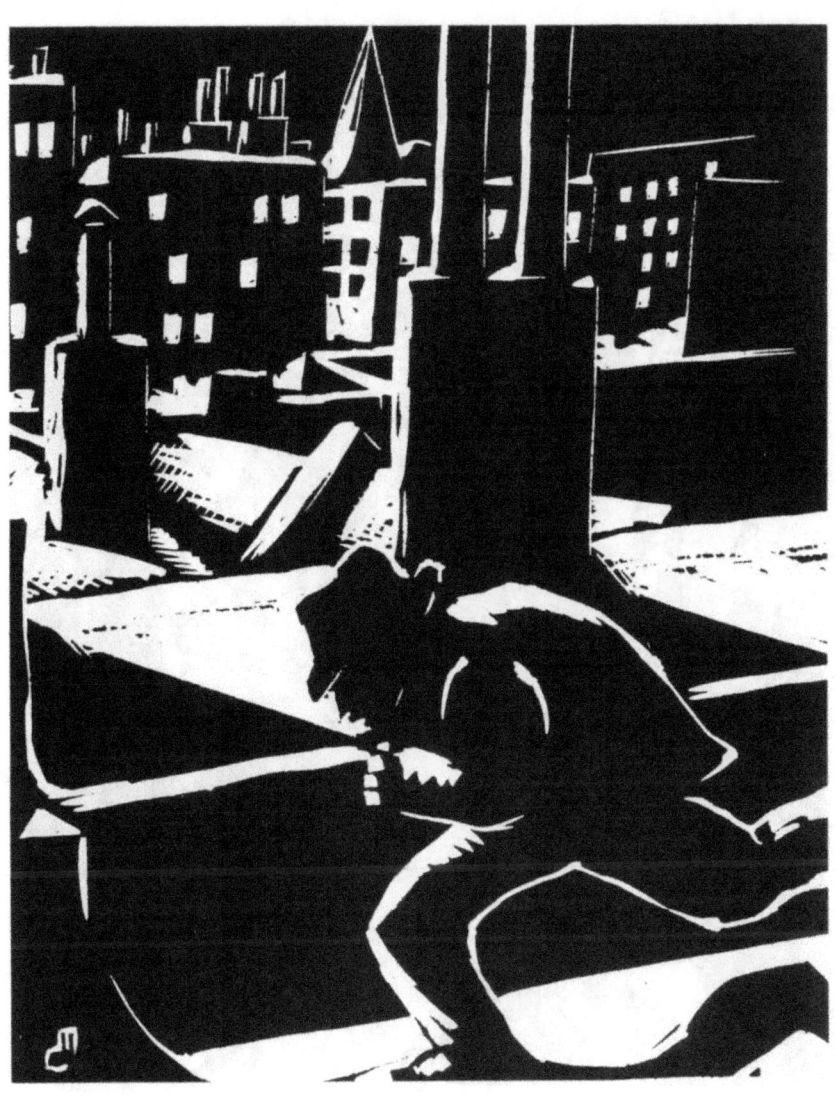

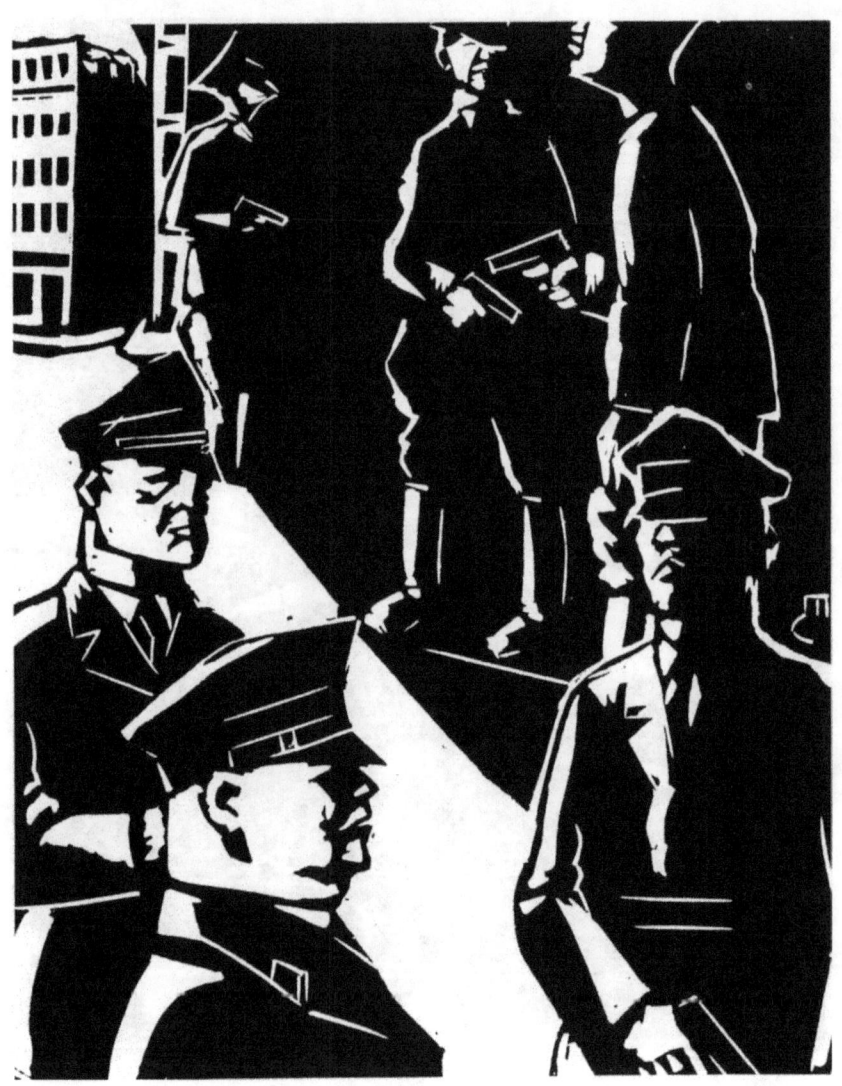

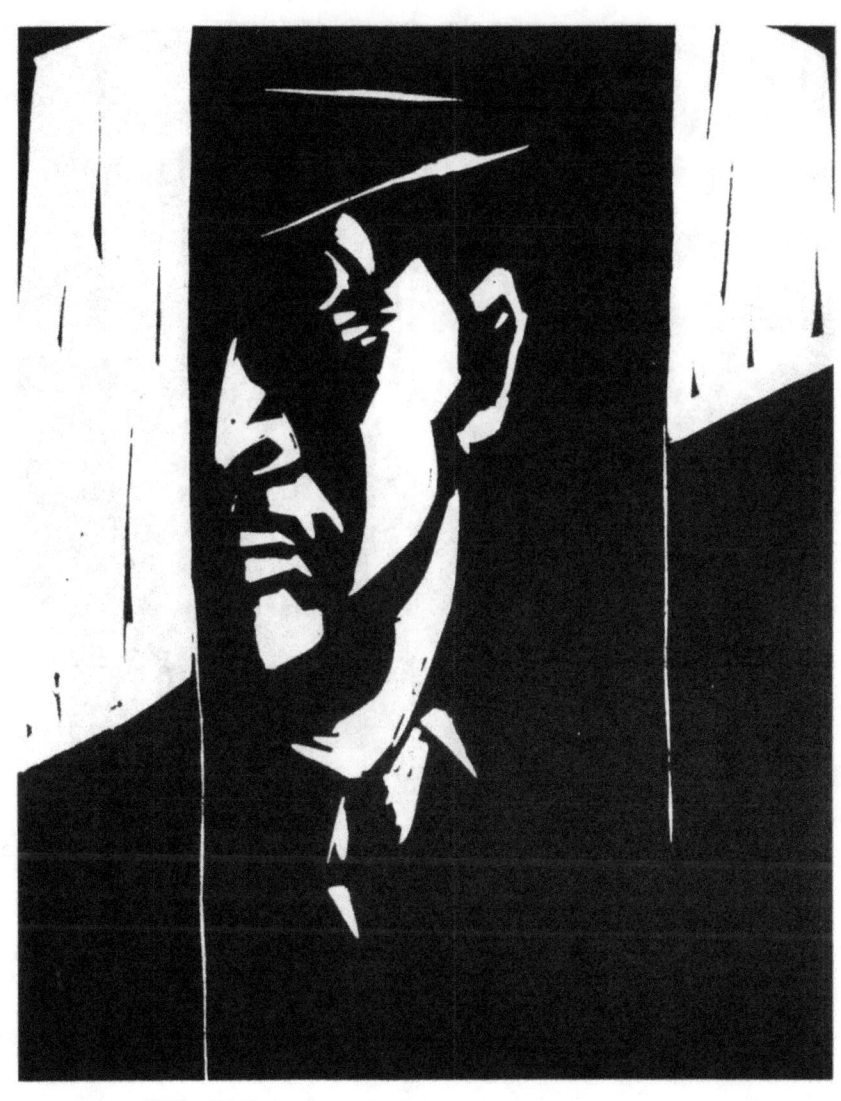

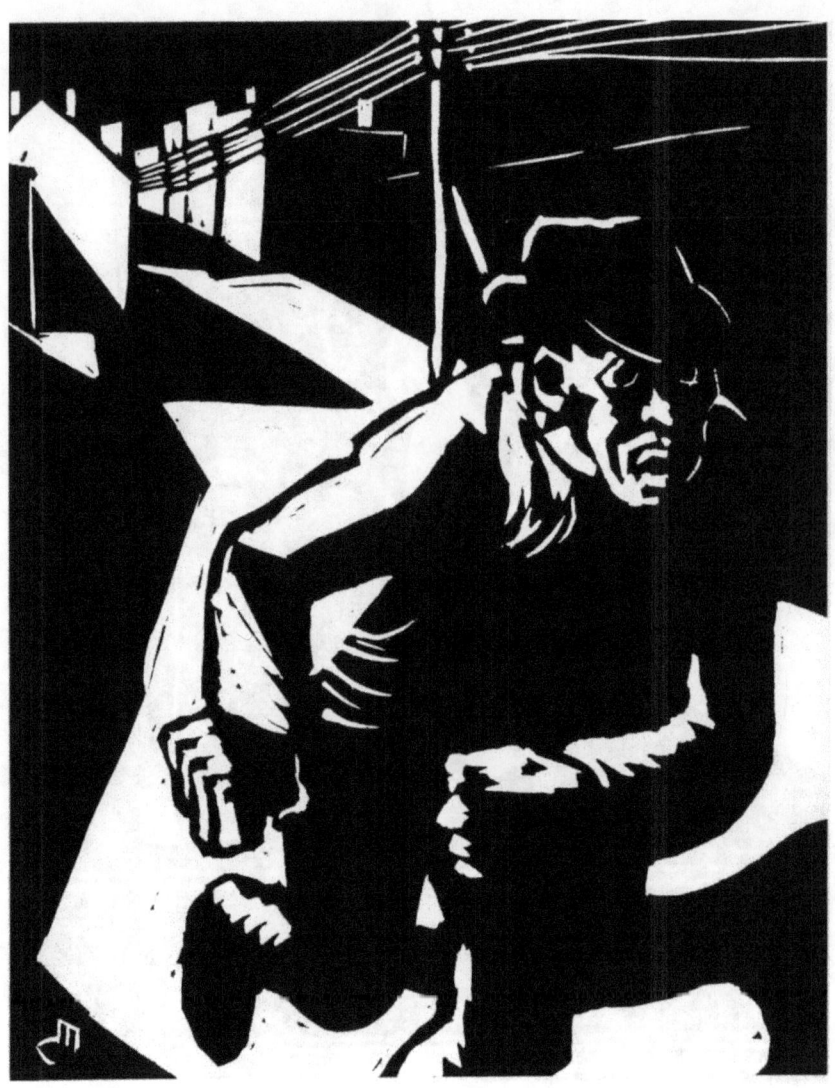

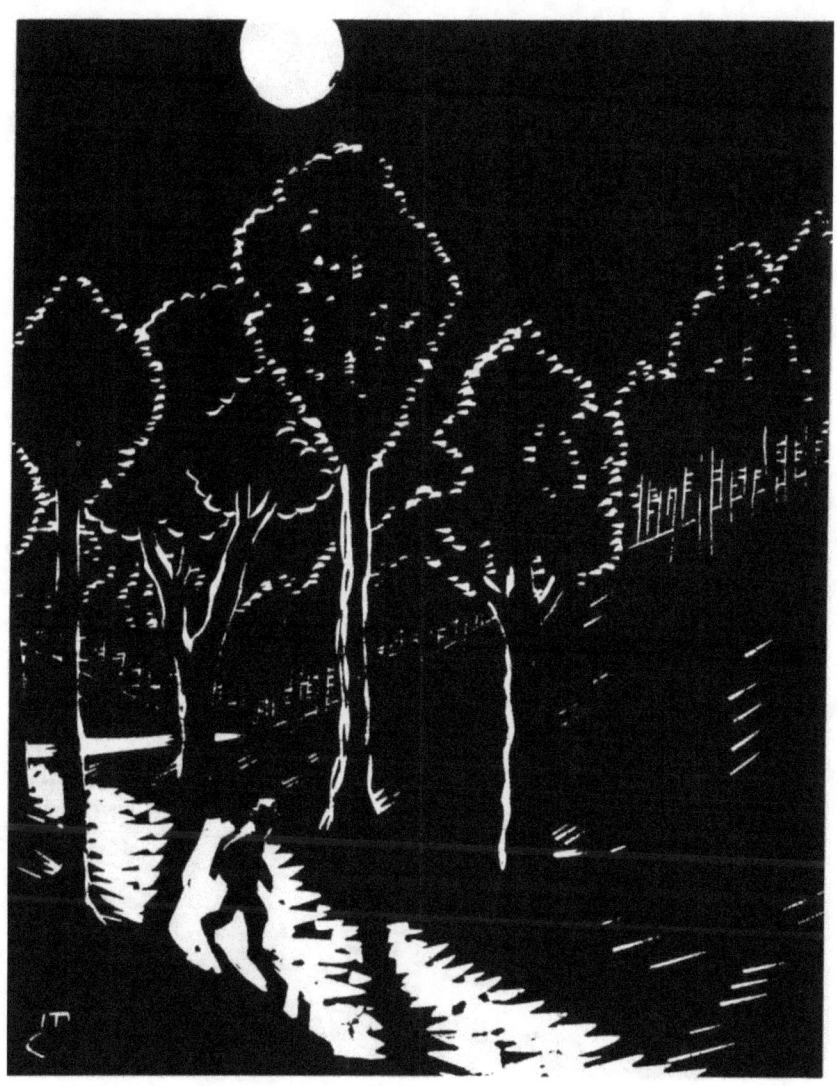

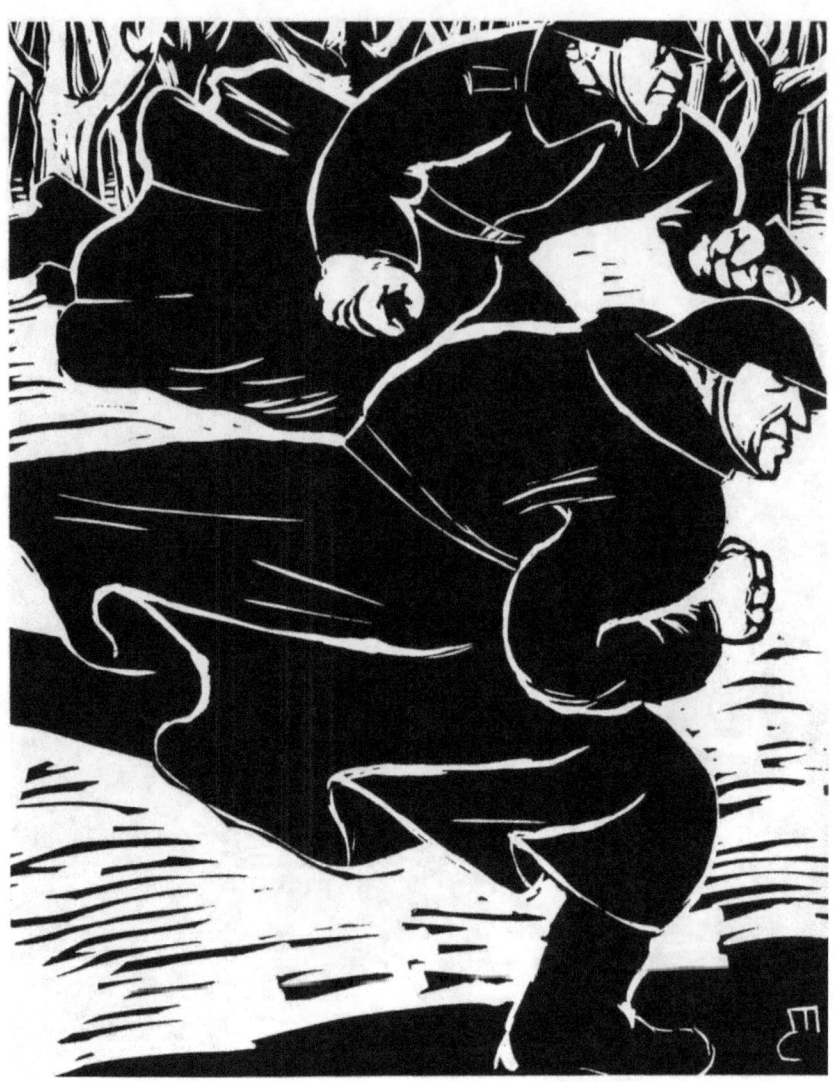

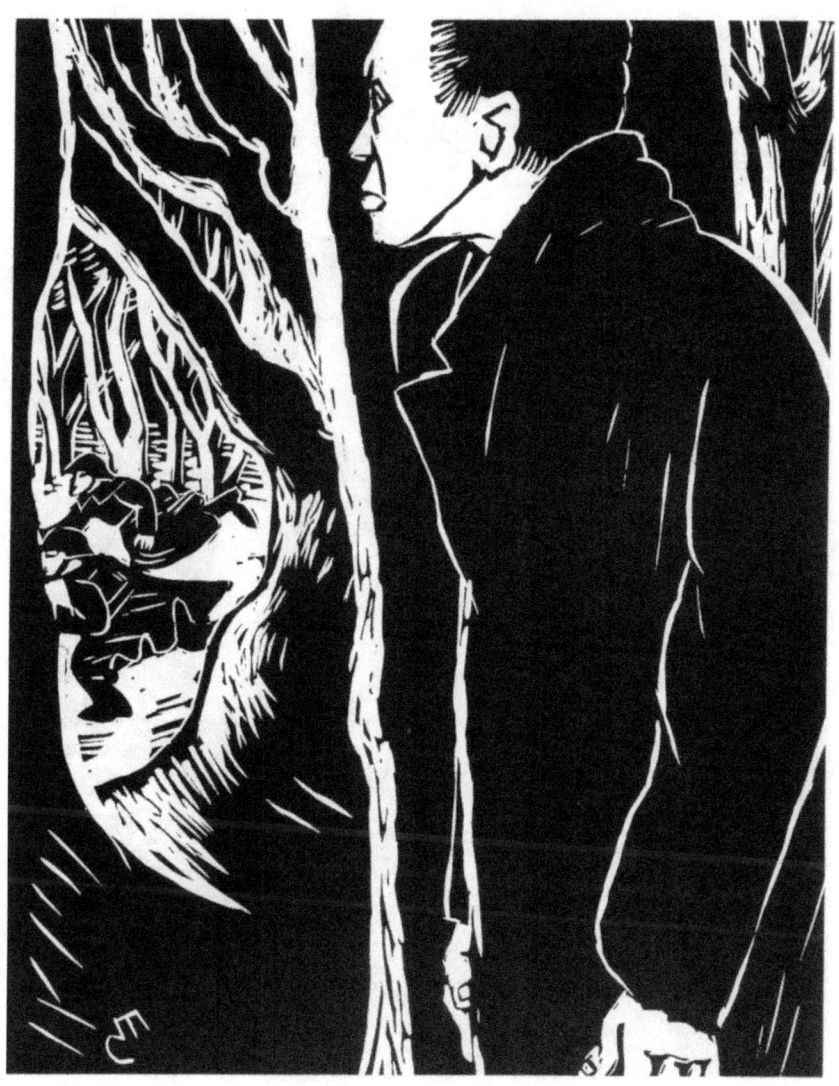

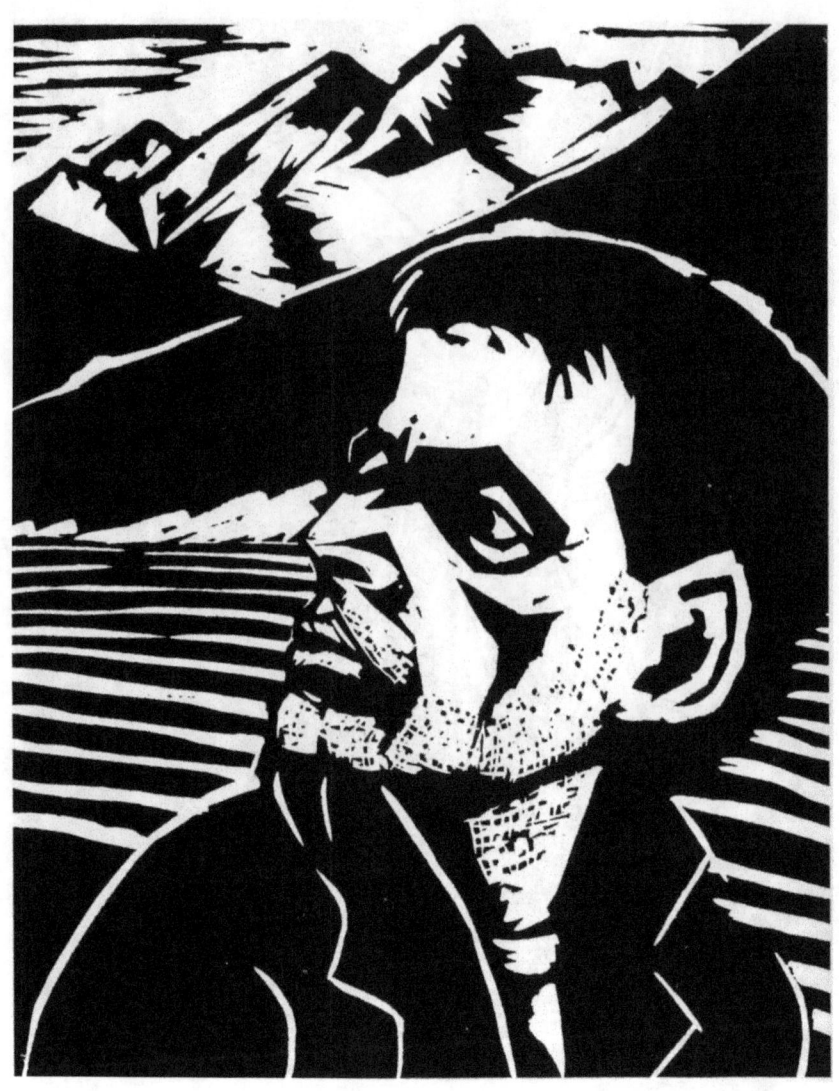

82 Entkommen

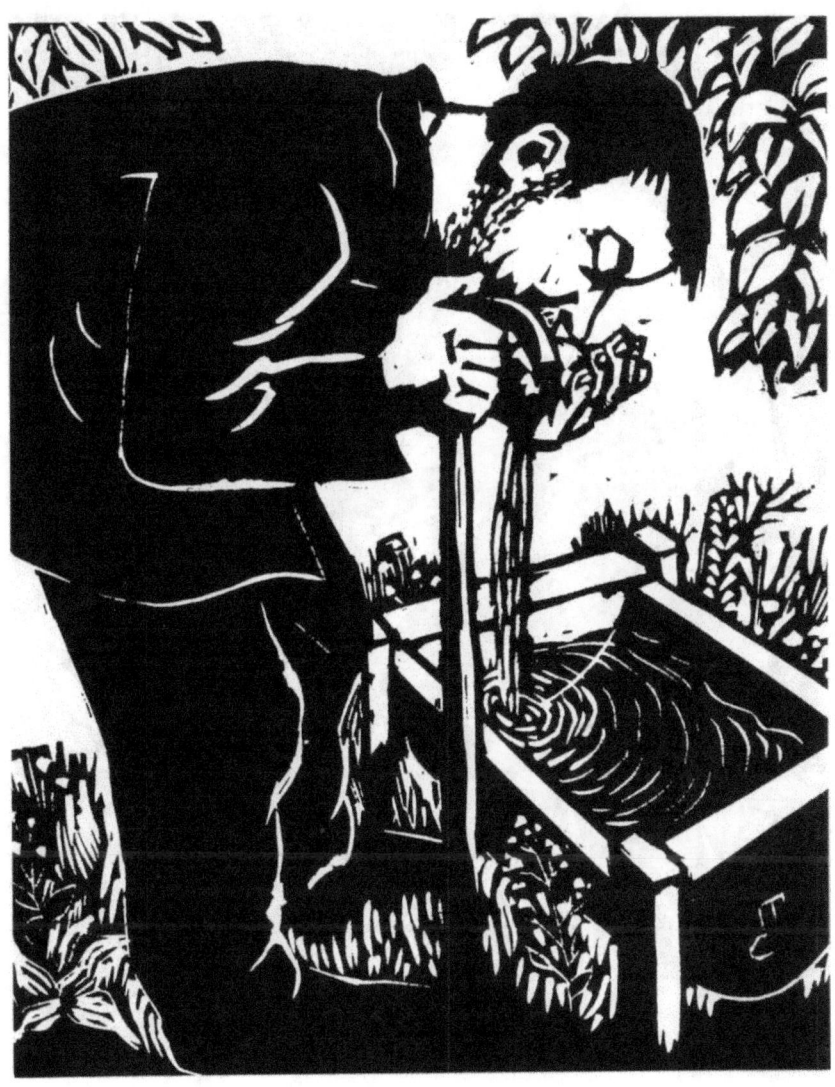

Durst 83

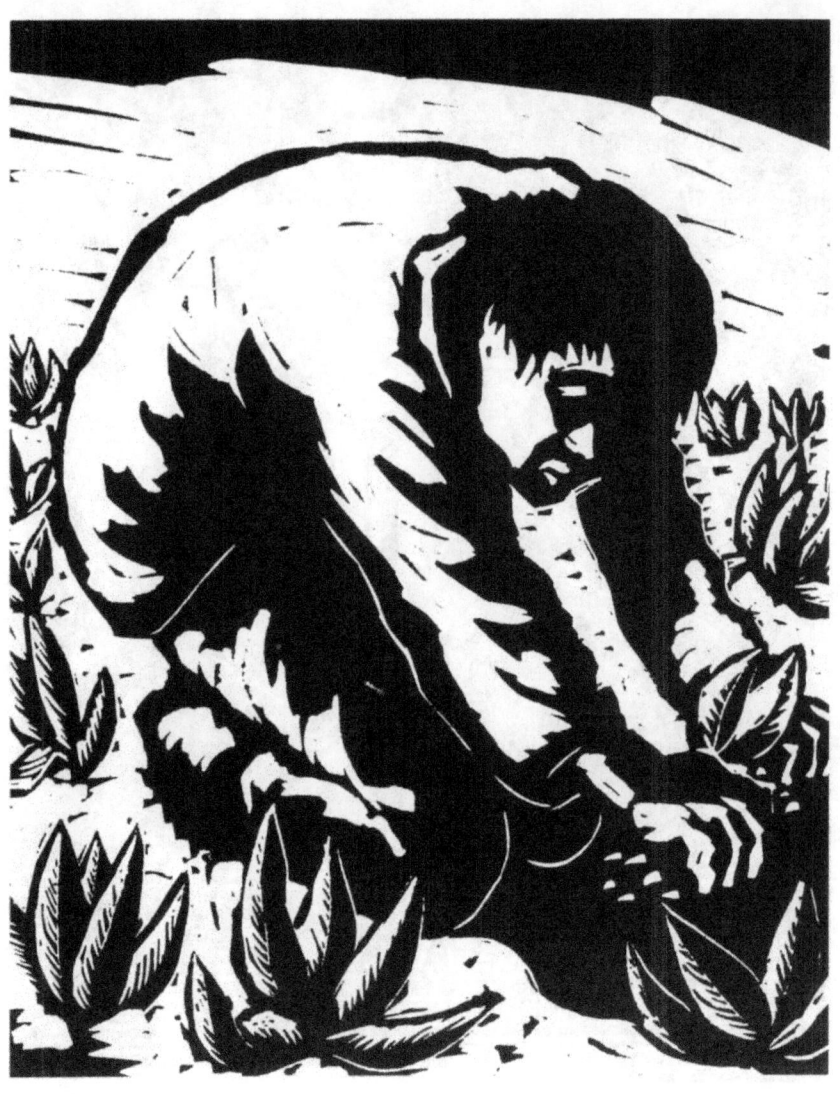

84 Hunger

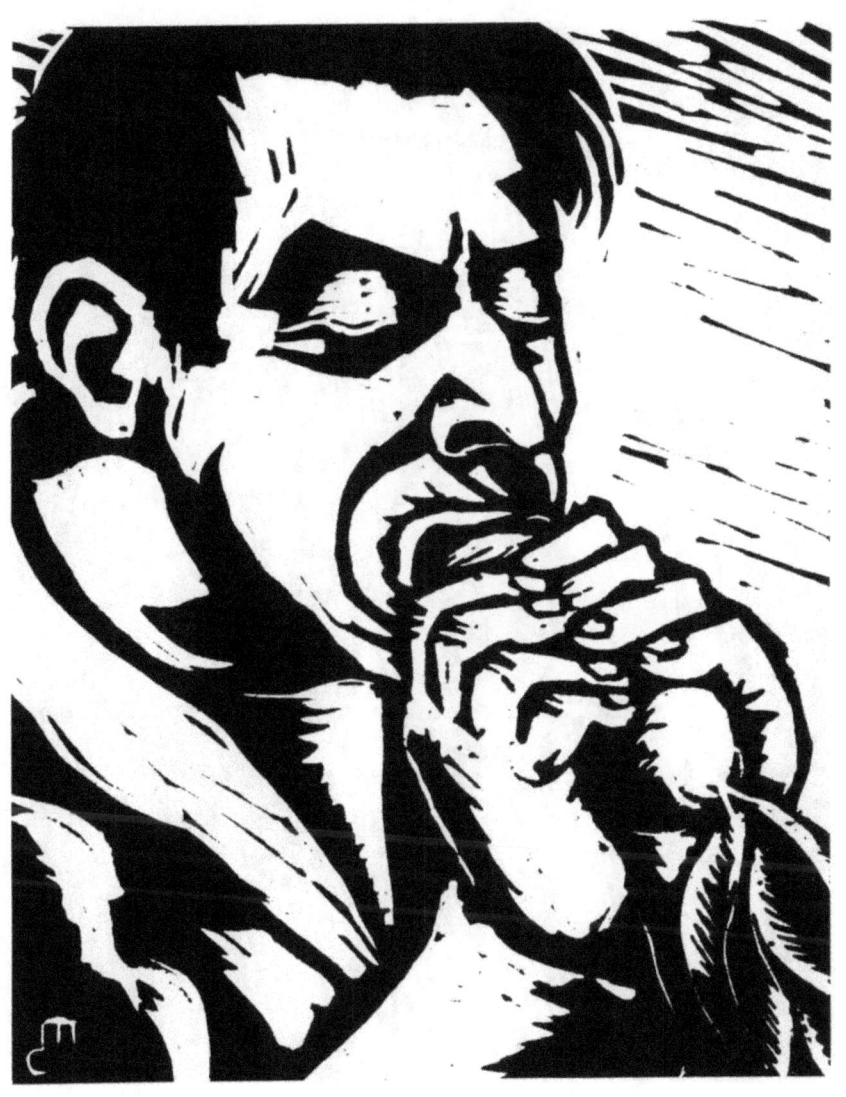

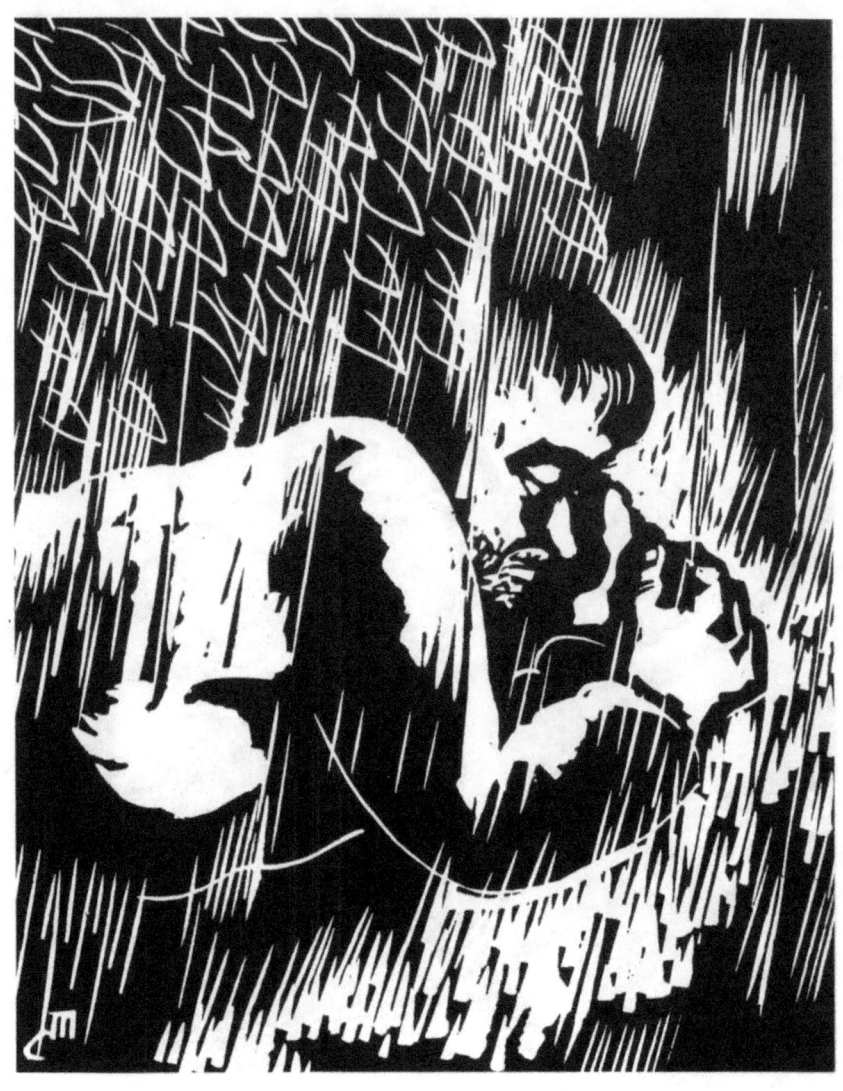

86 Schutzlos

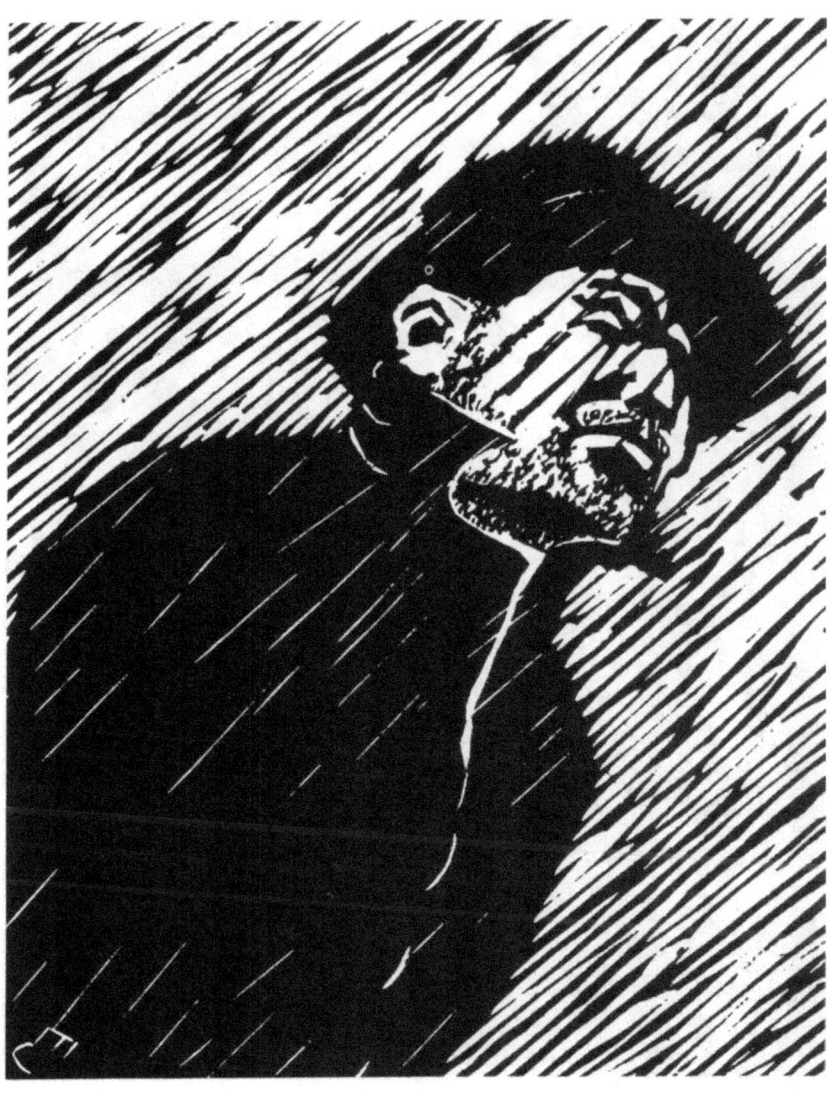

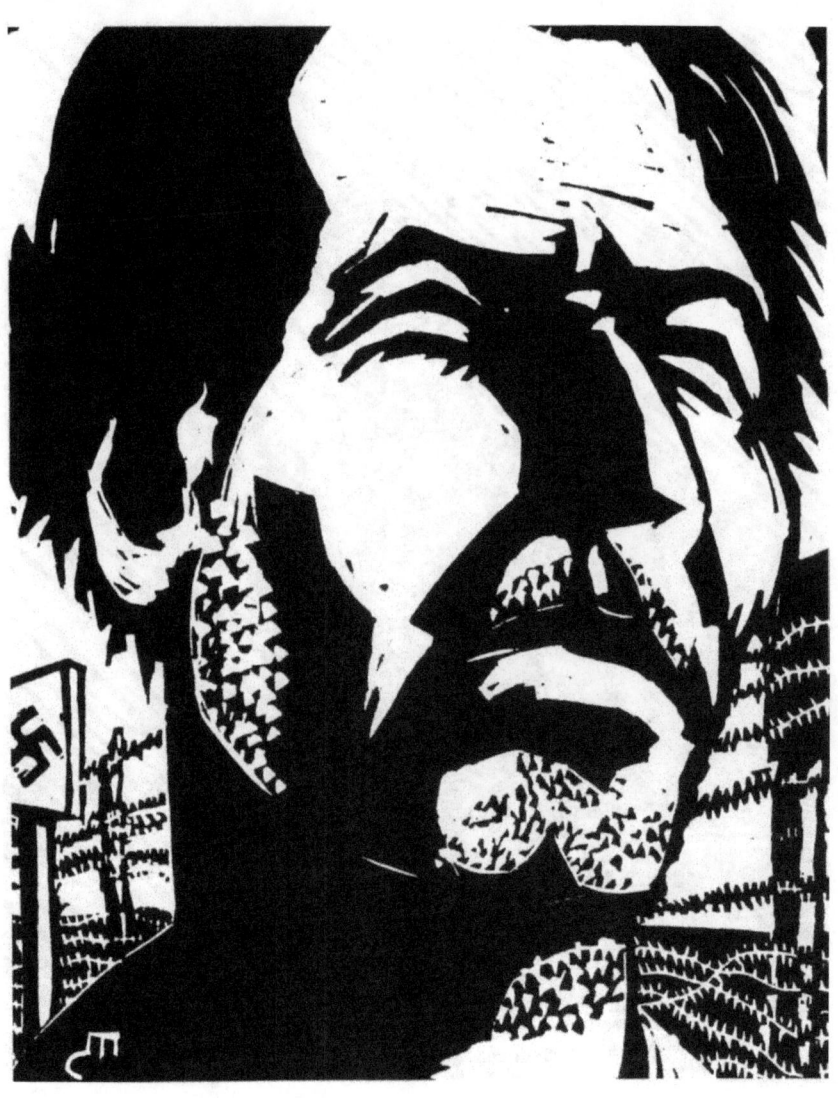

88 An der Grenze

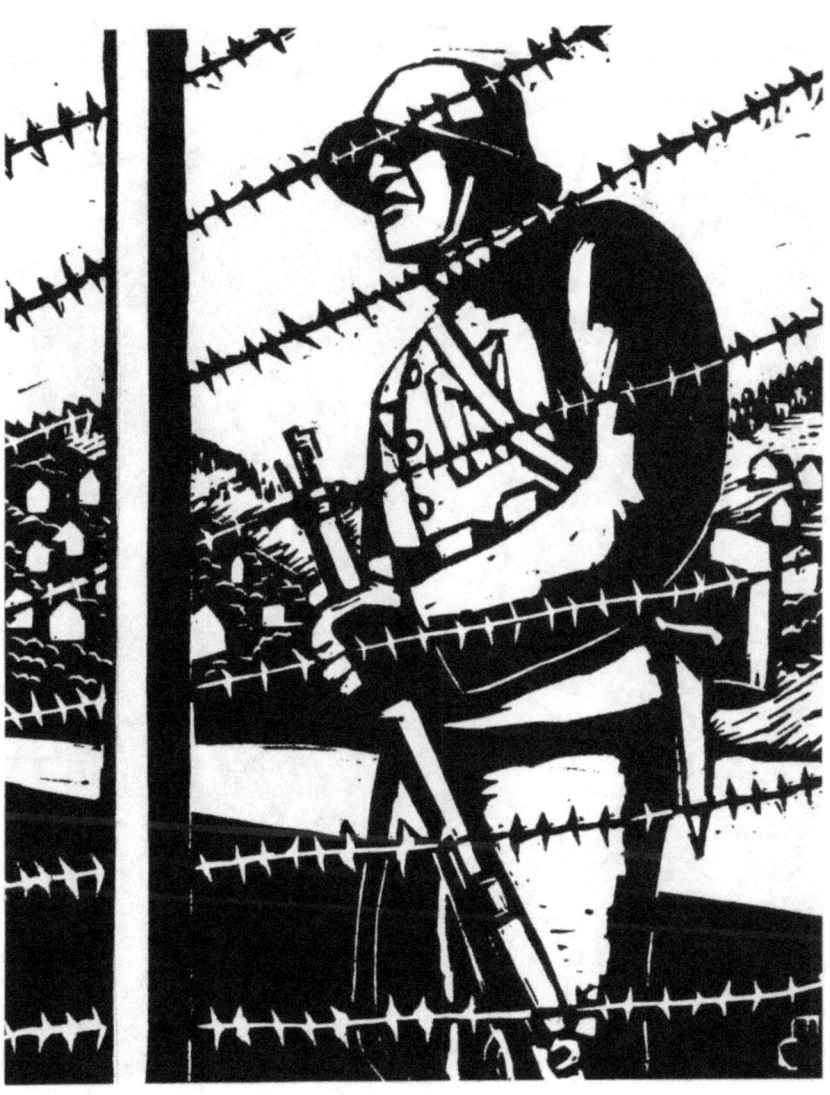

Die andere Seite

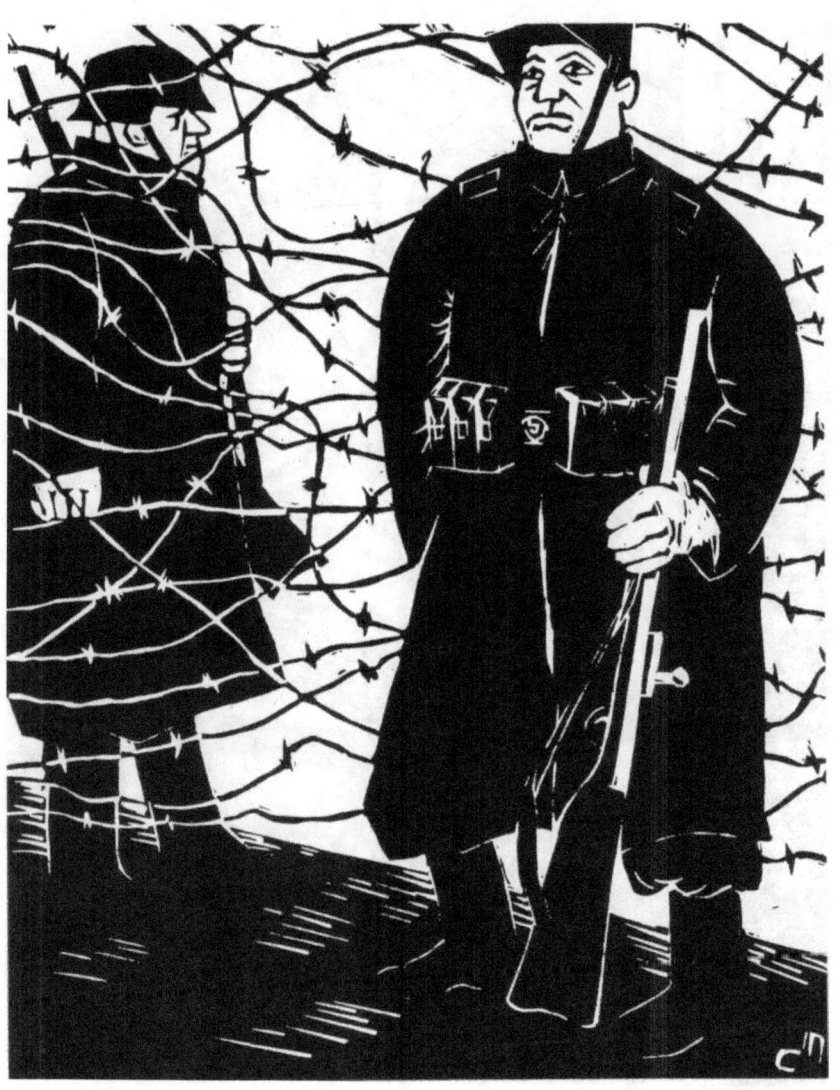

90

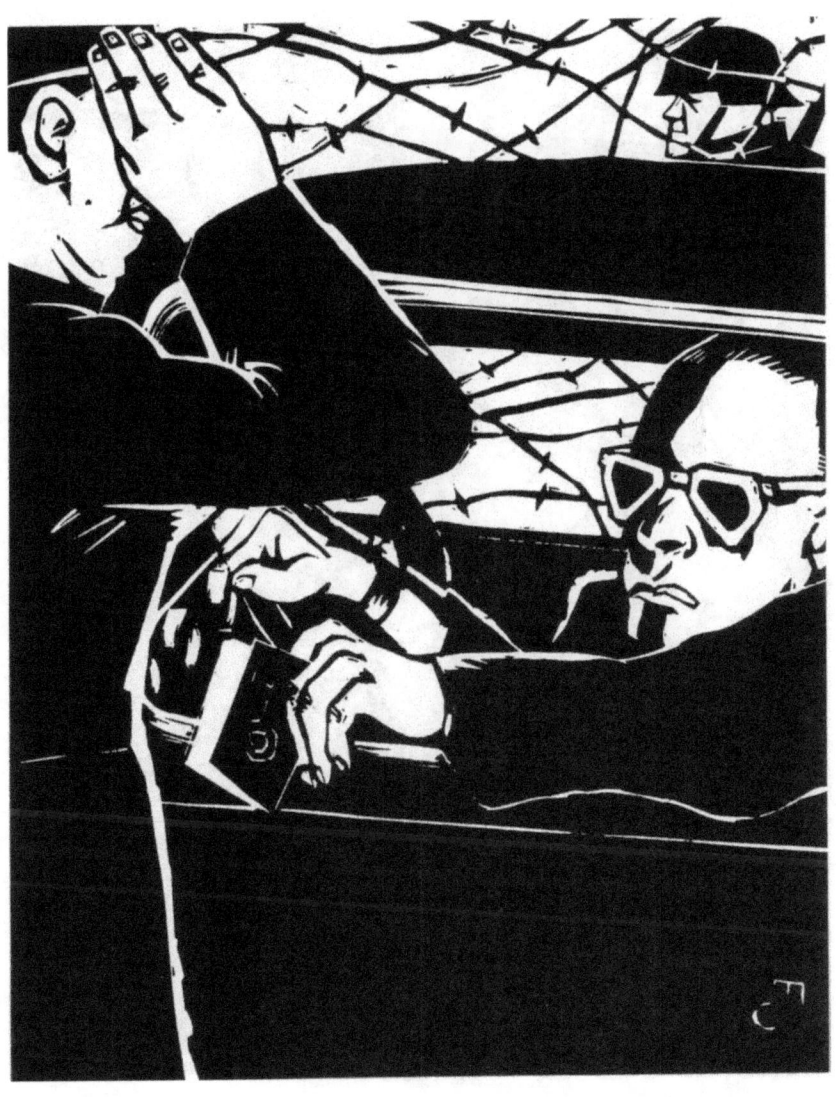

Der Mann mit dem Paß

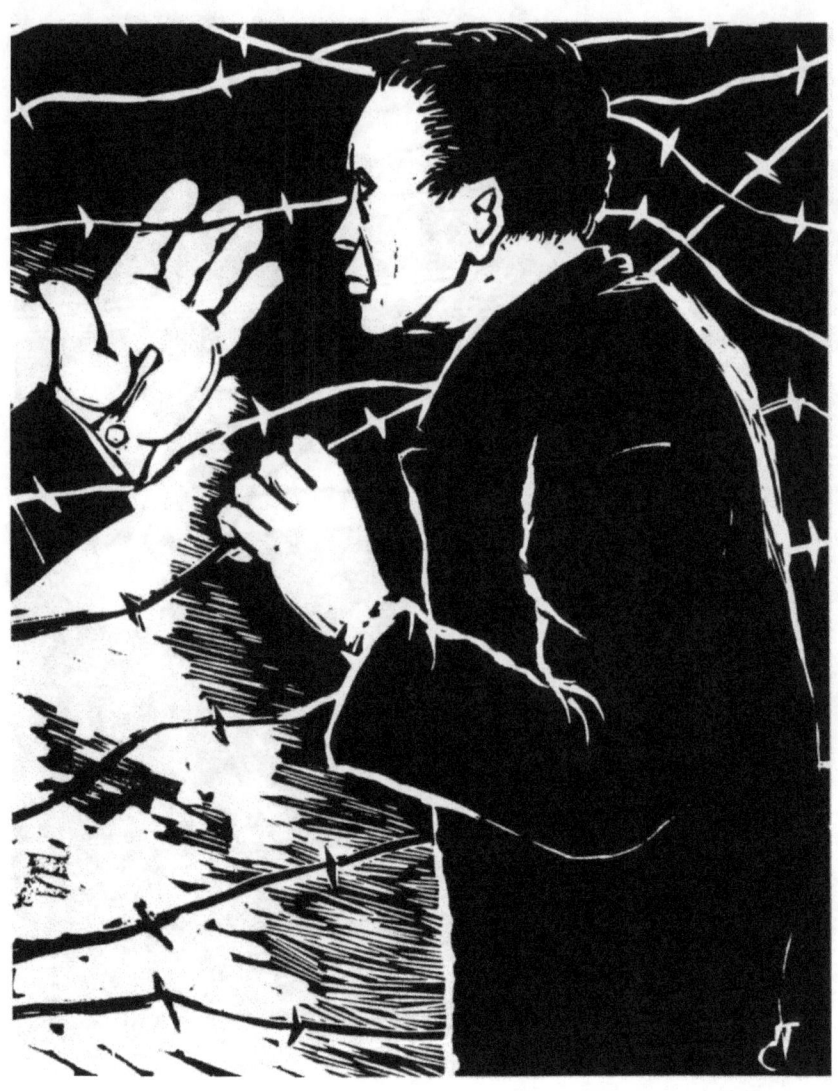

92　Der Stacheldraht

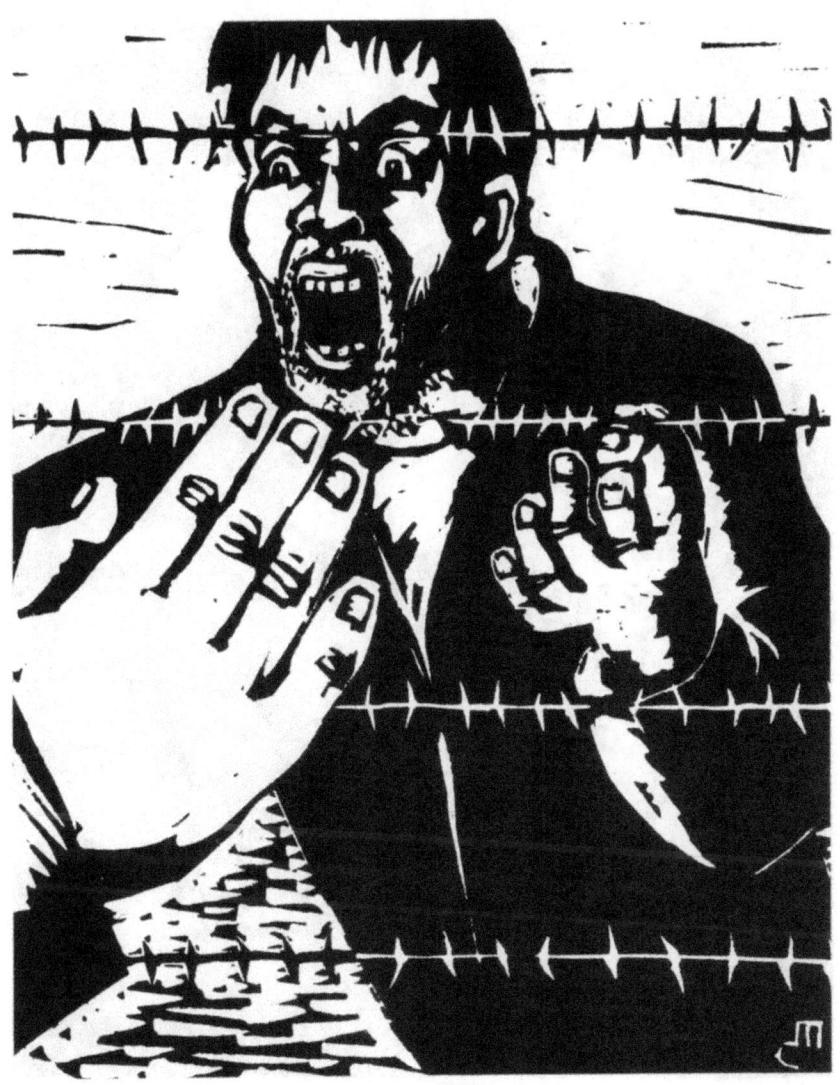

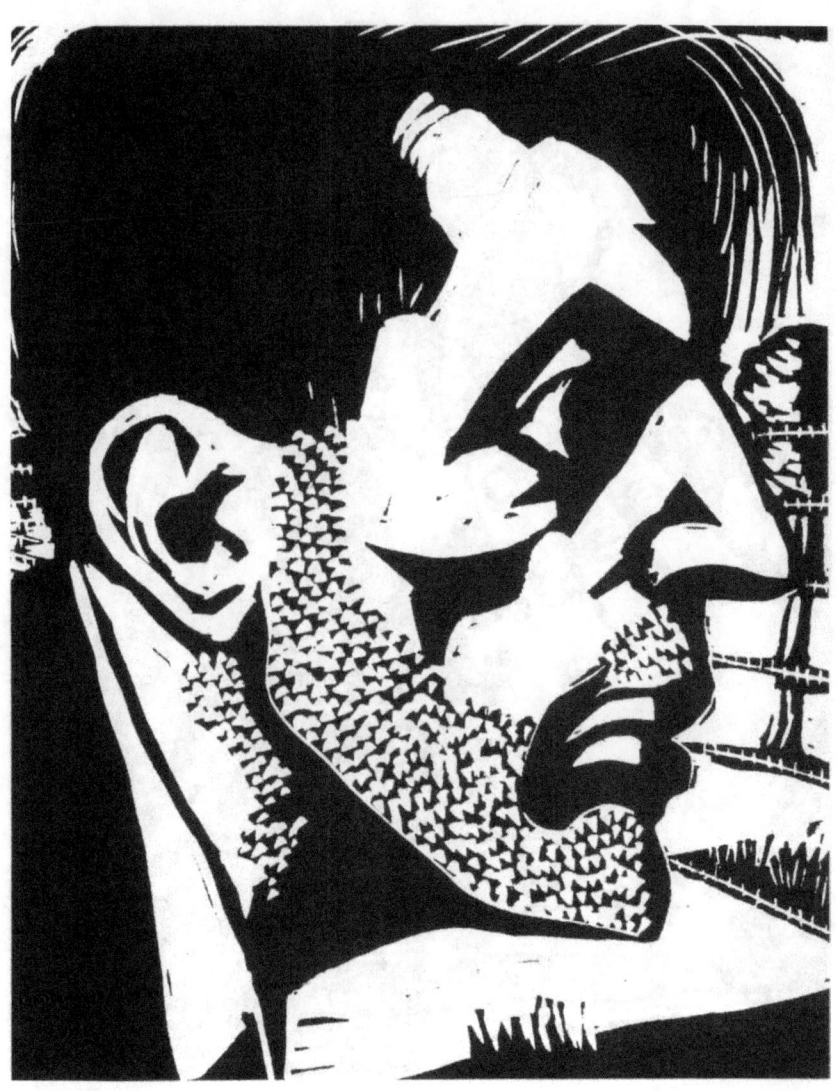

94 Der Entschluß

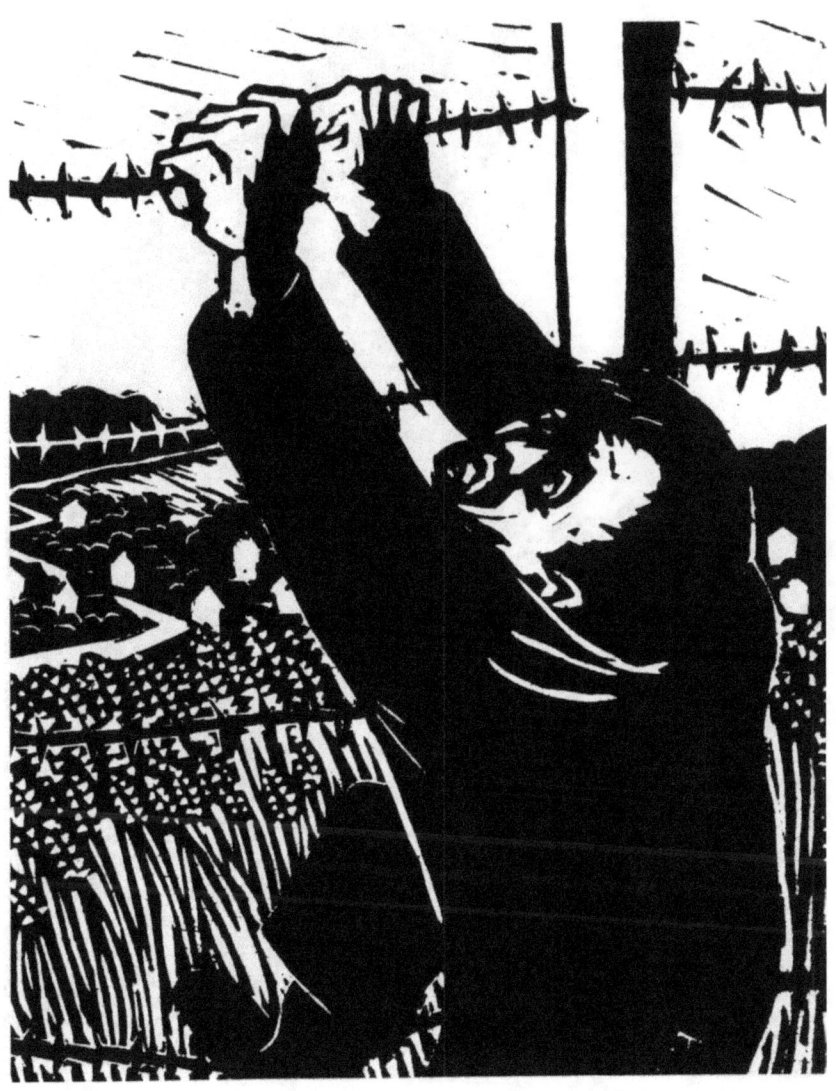

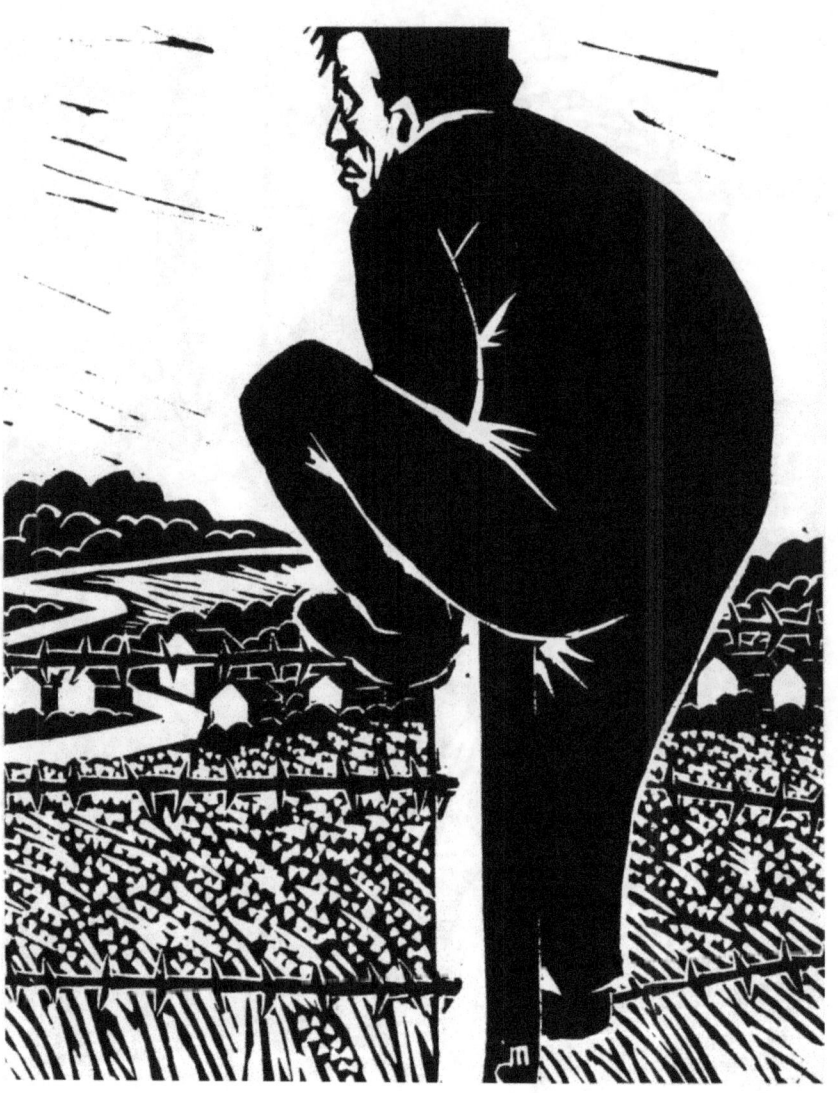

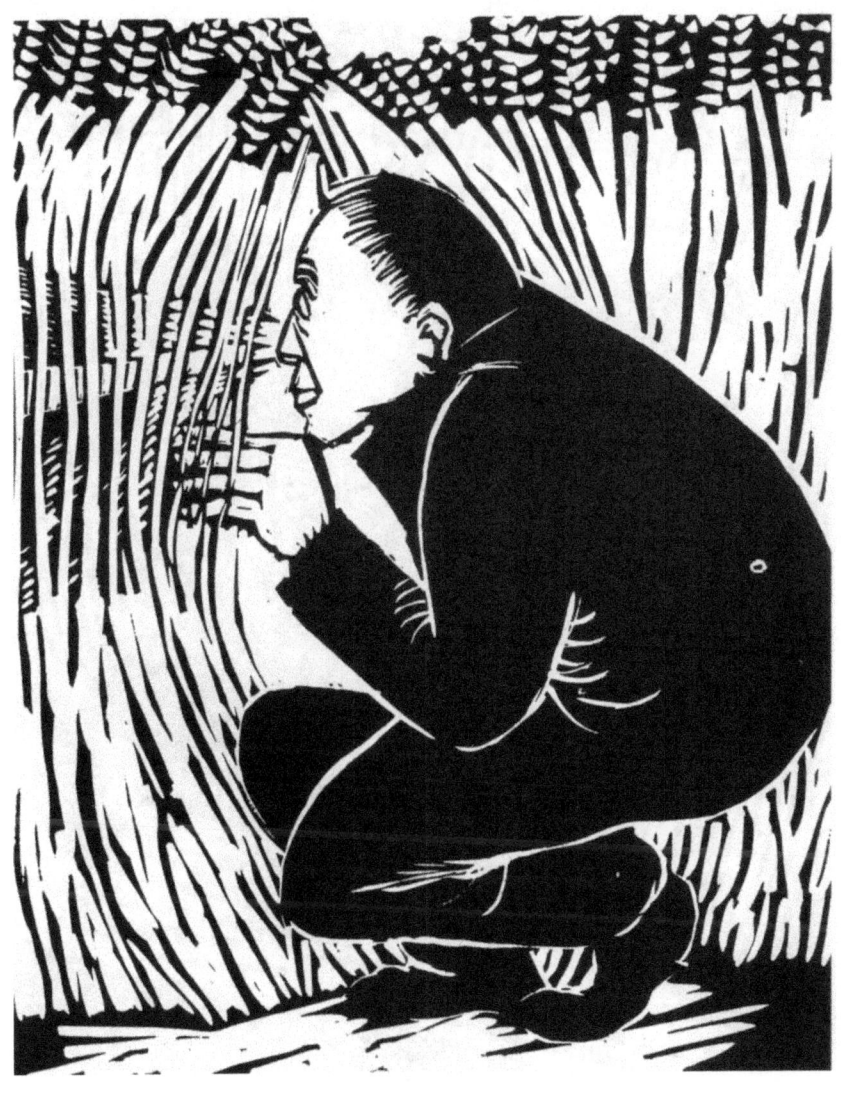

In einem anderen Land

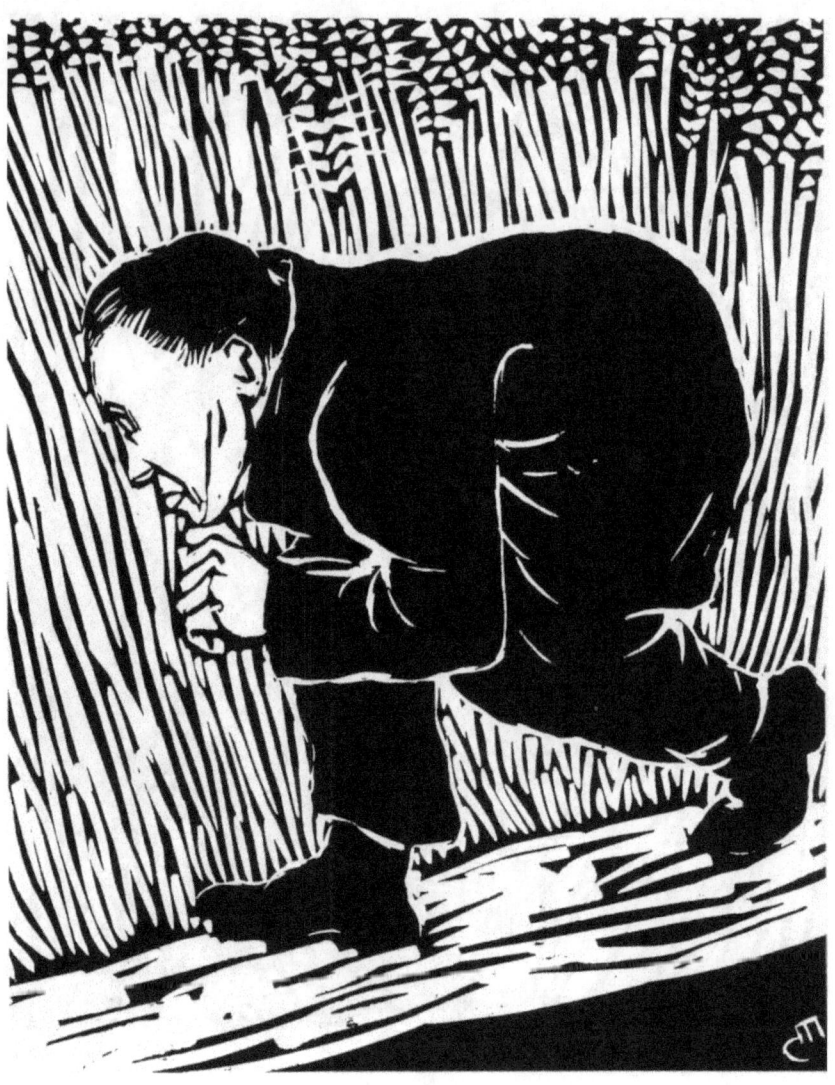

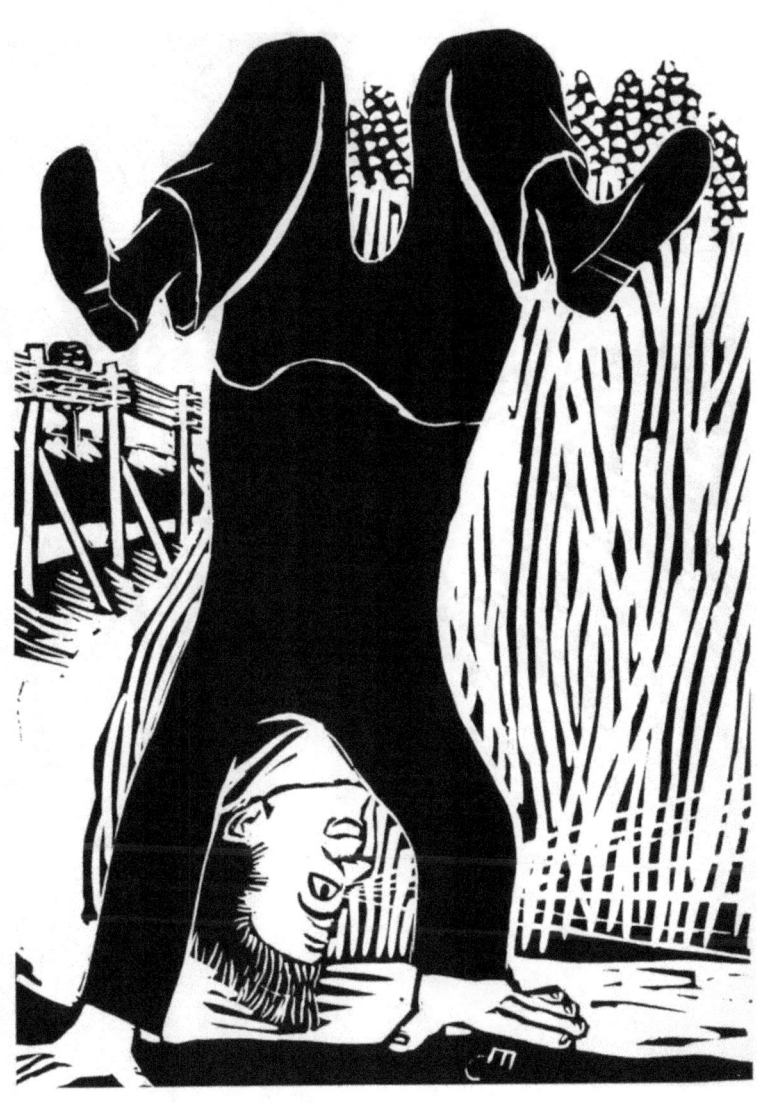

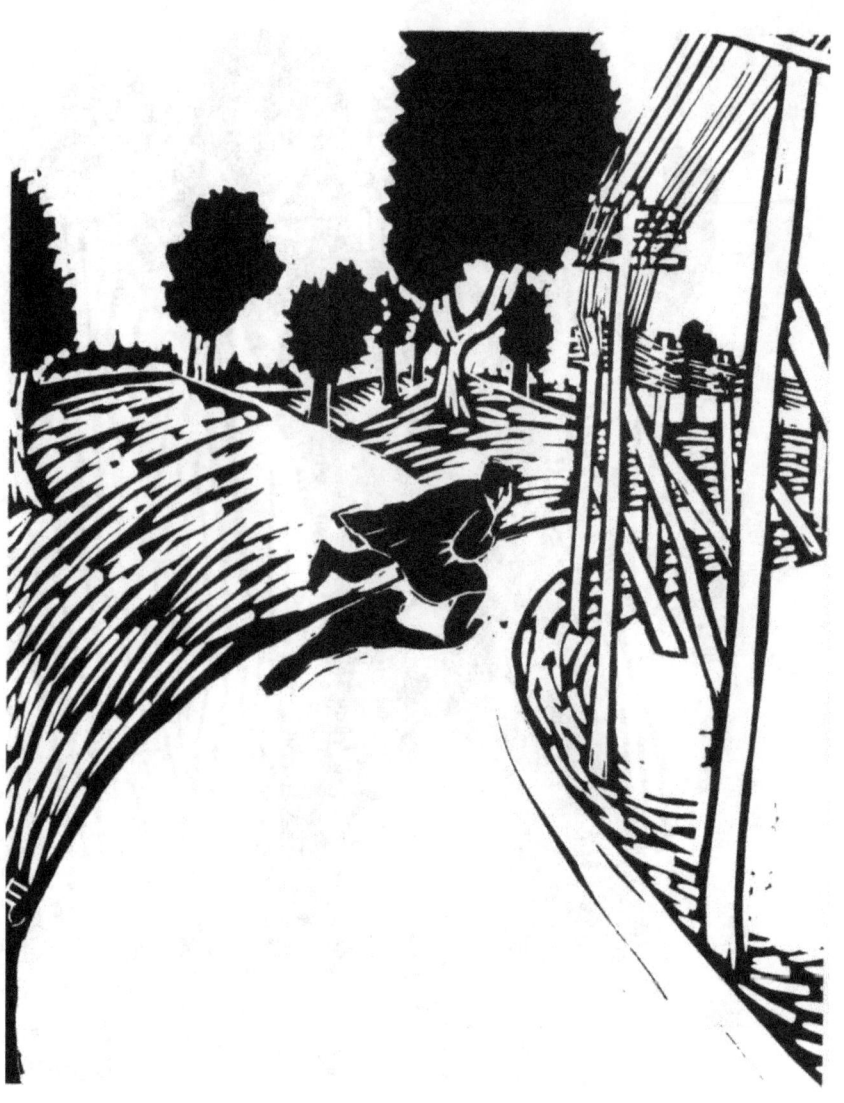

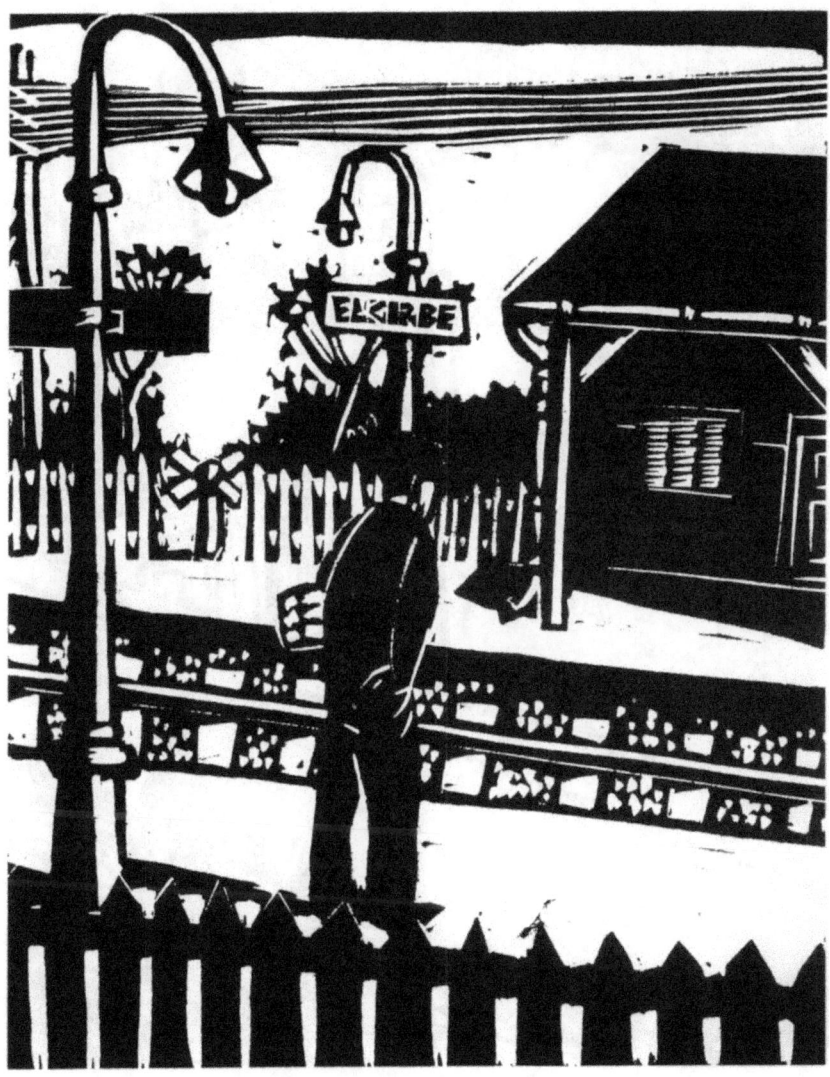

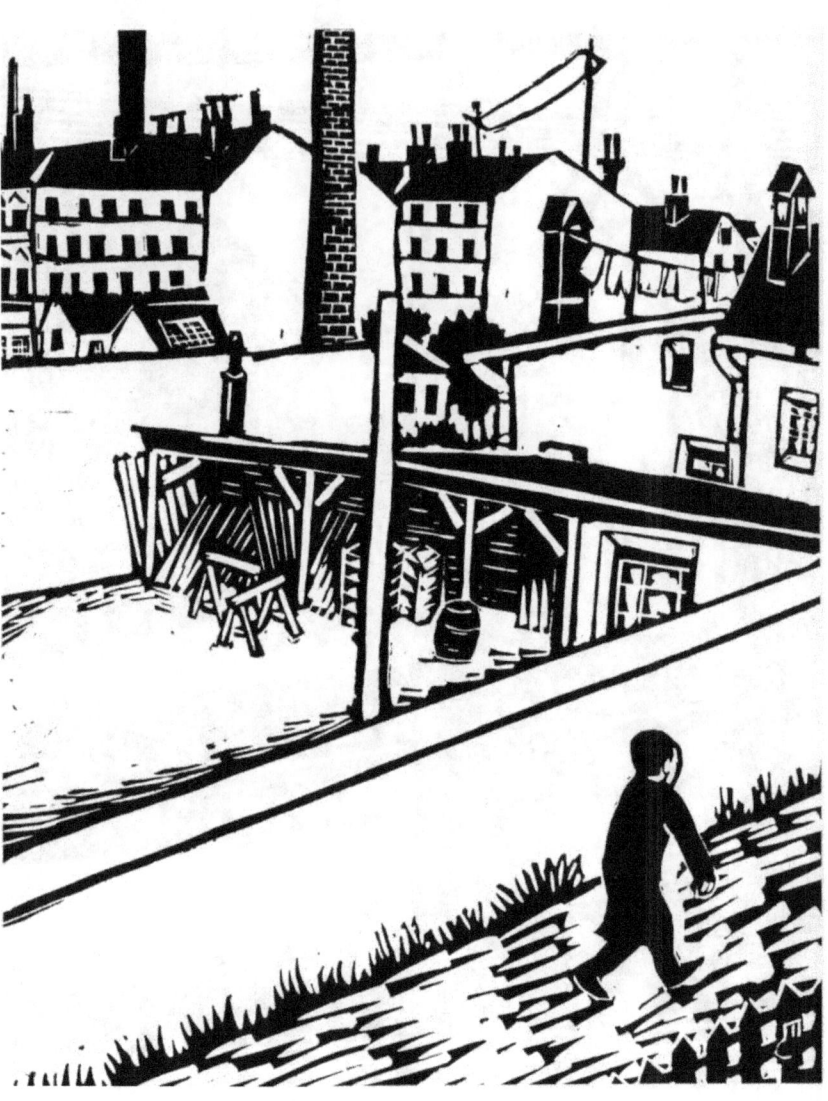

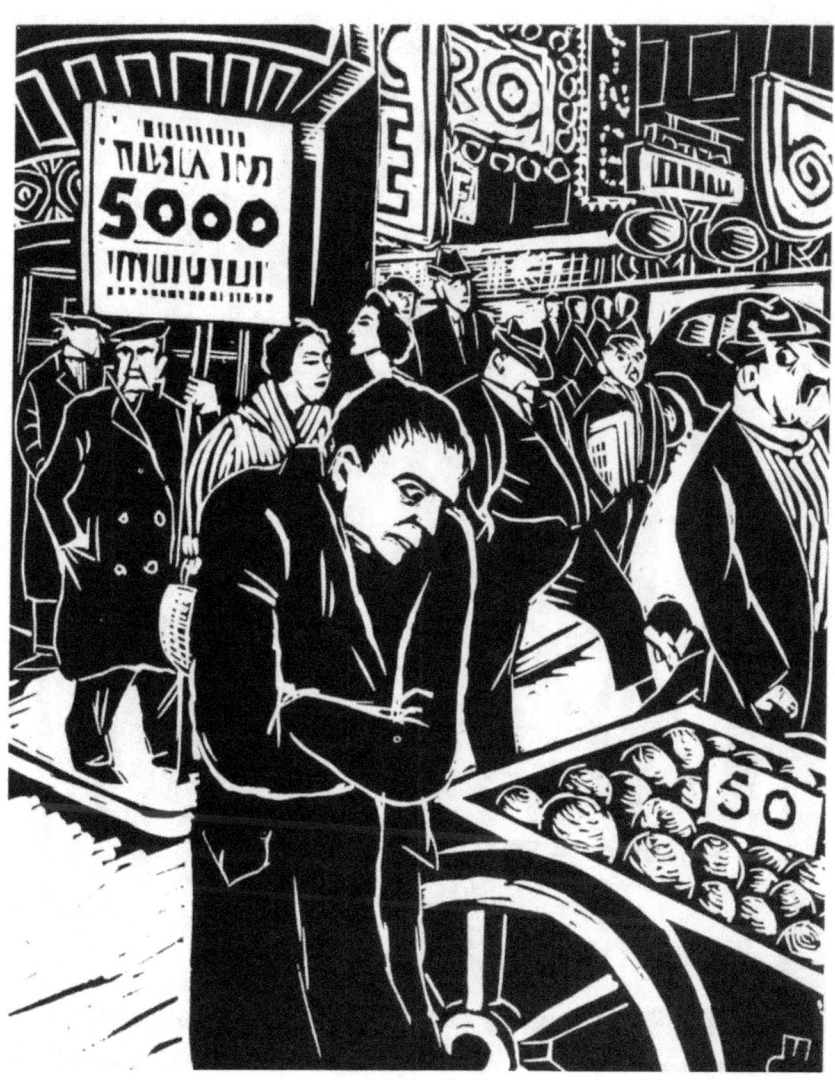

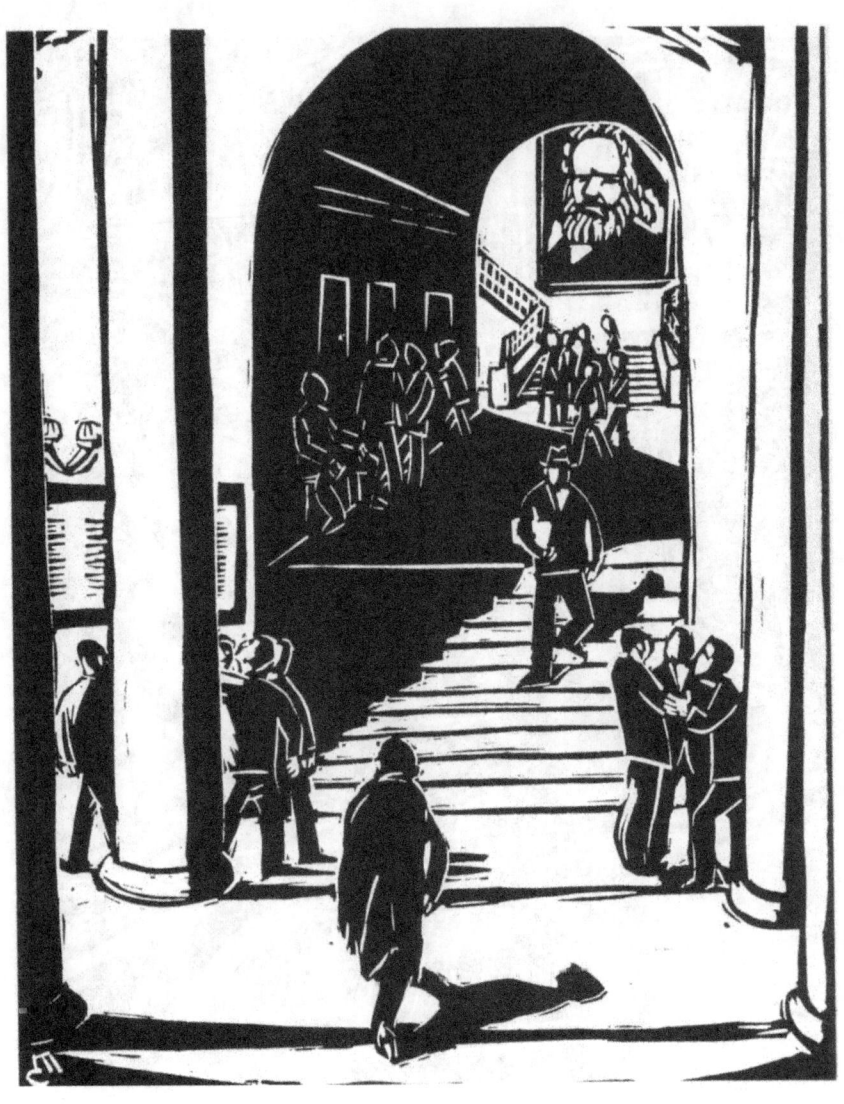

104 Ohne Paß, ohne Geld

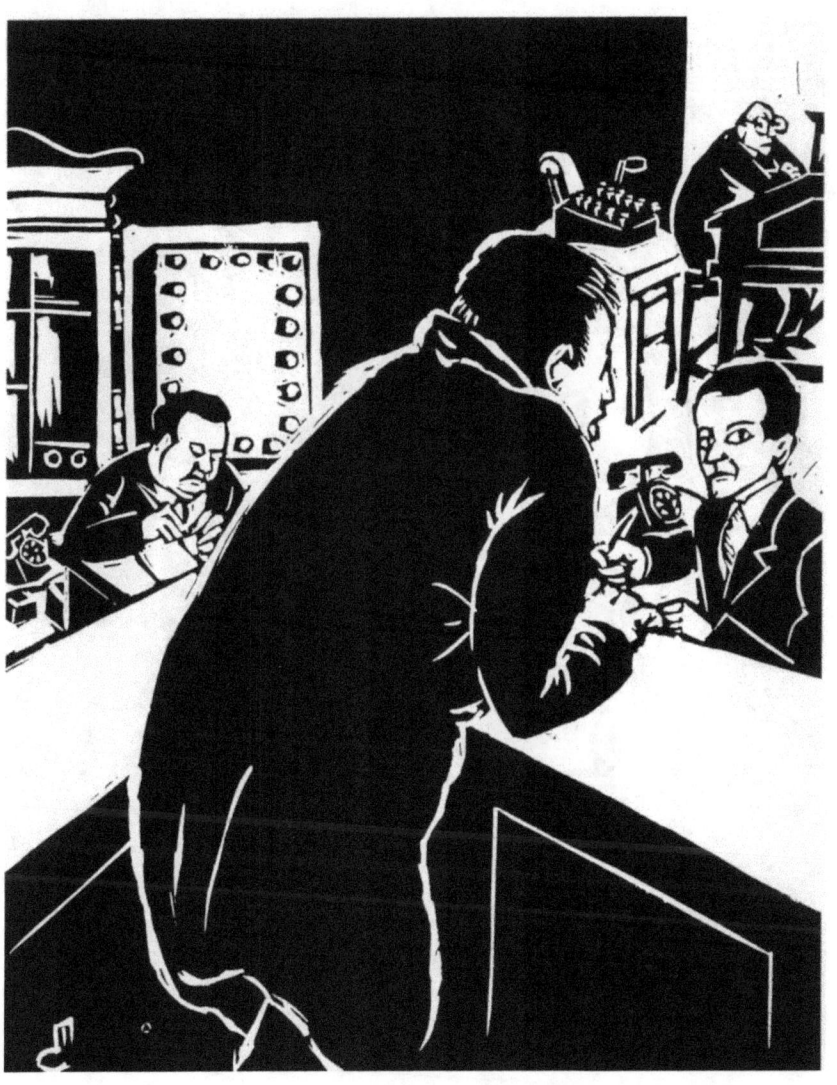

Auf der Suche nach Unterstützung 105

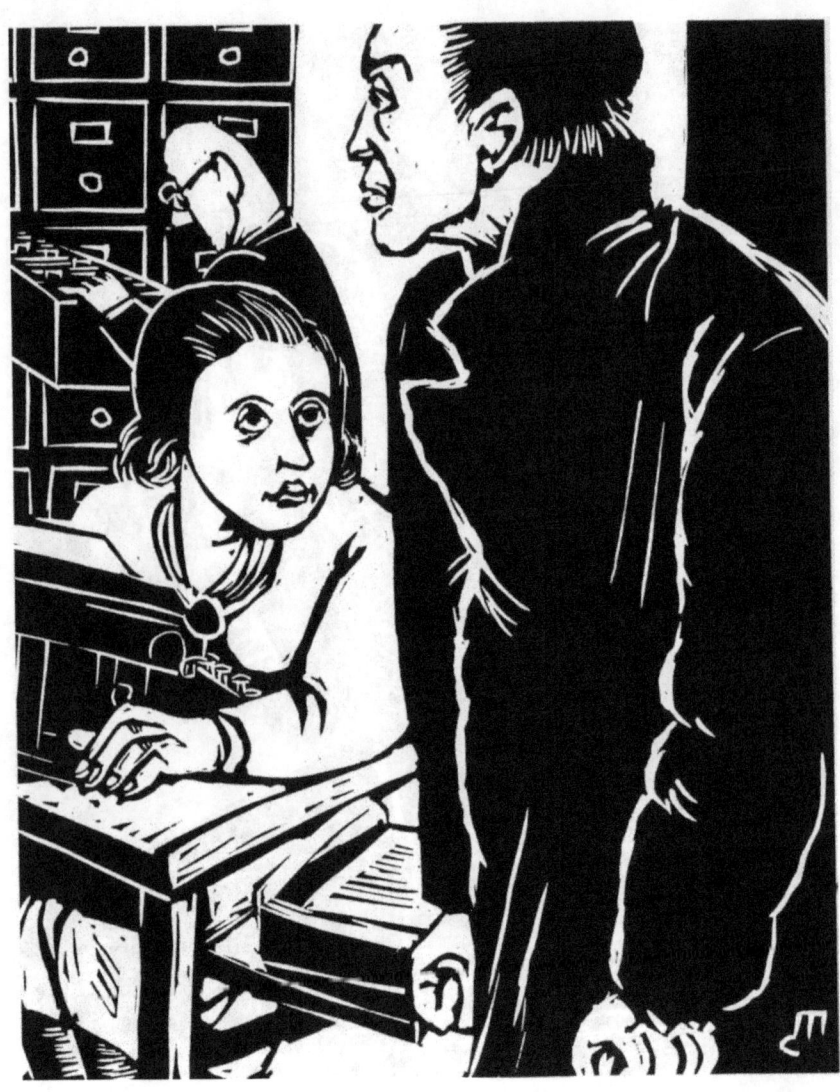

106 Die Bürokratie

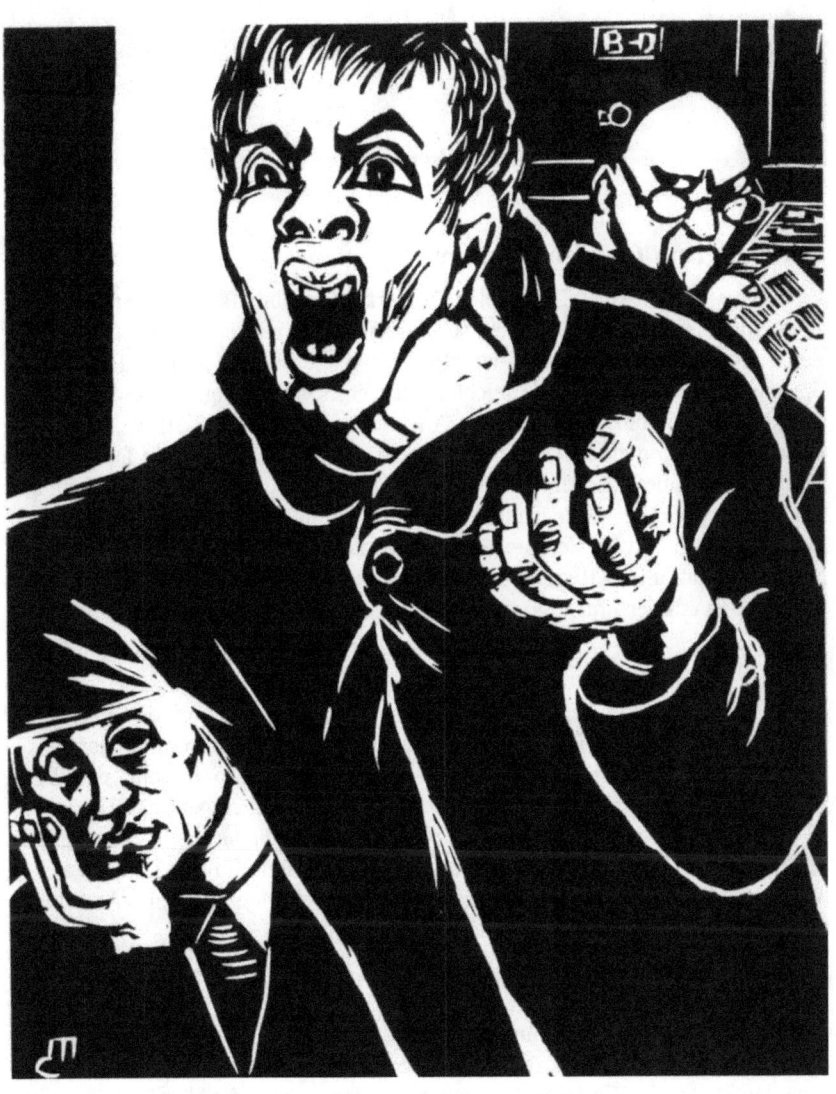

Kein Mensch mehr, ein Staatenloser 107

Thomas Miller

Linolschnittzyklus „Nacht über Deutschland"

*Die Tortur ist das fürchterlichste Ereignis,
das ein Mensch in sich bewahren kann.*
Jean Améry

Der Emigrant Clément Moreau

Im Zyklus „Nacht über Deutschland" überklettert ein Mann den Stacheldrahtzaun einer Grenze (Abb. 96). Sein schwarzer, schwerer Körper ist noch auf jener Seite, vor der er auf der Flucht ist. Noch ein großer balancierender Tritt und ein Sprung aus großer Höhe: vielleicht schafft er es. Hoffnung, Ungewissheit und Angst zeichnen sein Gesicht. Seine Augen sind starr auf die offene Landschaft gerichtet. Ein wogendes Ährenfeld, eine Straße, die sich durch ein Dorf und die Landschaft windet, und ein wolkenloser Himmel breiten sich vor dem Mann aus. Auf dieser Seite des Grenzzauns, so scheint es, muss man keine Angst haben. Dieser Mann tut etwas Verbotenes. Er missachtet die Gesetze und hält sich nicht an die internationalen Regeln. Er begibt sich in Lebensgefahr, um sein Leben zu retten, er ist auf der Flucht vor den nationalsozialistischen Häschern.

Im März 1933 reist Carl Meffert ein letztes Mal nach Berlin, vermutlich als Delegierter der Kommunistischen Studenten Fraktion (KoStuFra) zu einem Kongress. Am Tag nach dem Reichstagsbrand opponiert er in einer Sitzung und macht auf die aktuelle politische Situation aufmerksam.[1] Rotfrontmänner weisen ihn zurecht, und danach gibt es für Carl Meffert keinen Grund mehr, sich länger in Berlin aufzuhalten. Auf der Rückreise in die Schweiz entgeht er an der Grenze bei Basel mit knapper Not einer Verhaftung durch die Gestapo. Ein waghalsiger Sprung über die hohe Mauer beim Badischen Bahnhof rettet ihm das Leben. Verloren bleiben ein großer Teil seiner Berliner Arbeiten und seine Ausweispapiere. Danach lebt Carl Meffert illegal in der Schweiz.

Der Aufenthalt in Basel wird unsicher. Sein Freund, der Kunsthistoriker Georg Schmidt[2], reagiert nach der Machtergreifung Hitlers sofort. Mit den Architekten Hubacher & Steiger, dem Künstler Richard Paul Lohse[3], Nelly Guggenbühl, der späteren Frau von Carl Meffert, und anderen richten sie in Zürich eine Emigrantenanlaufstelle ein. Carl Meffert gehört zu den ersten, die dort aufgenommen

---

1 Clément Moreau/Carl Meffert, Grafik für den Mitmenschen. Neue Gesellschaft für bildende Kunst und Kunstamt Kreuzberg. Berlin 1978. Beitrag von Guido Magnaguagno, S. 114.
2 Georg Schmidt (1896–1965), Direktor des Kunstmuseum Basel 1939–1961.
3 Richard Paul Lohse (1902–1988), einer der Hauptvertreter der Konkreten Kunst.

werden. Während zweier Jahre werden Carl Meffert und seine Freunde alles versuchen, um seine Illegalität vor der Fremdenpolizei Rothmunds[4] zu verbergen. Er sucht nach einem neuen Namen. Die Mutter seiner Mutter stammt aus dem Elsass und hieß ledig Moreau. Von nun an nennt er sich je nach Situation Clément Moreau oder Carl Meffert, und seine Werke signiert er mit den Initialen CM. Trotz der Namensänderung bleibt sein Aufenthalt in der Schweiz unsicher und er ist immer wieder gezwungen, den Wohnort zu wechseln. Auf der Suche nach gültigen Ausweispapieren bietet sich eine Möglichkeit in Genf. Léon Nicole, der damals am linken Rand der Sozialdemokratie steht, hätte dem staatenlosen Künstler gern eine Aufenthaltsbewilligung verschafft. Einem führenden Zürcher Sozialdemokraten gelingt es dann allerdings, diesen Hoffnungsschimmer zu zerstören. In dieses Spannungsfeld der zerstrittenen Linksparteien gehört der Schnitt „Ohne Pass, ohne Geld" (Abb. 104). Ein neuer Heiliger hängt im Treppenhaus und hält nicht, was er verspricht.

Die Situation spitzt sich zu. Clément Moreau muss jederzeit mit seiner Verhaftung und mit der Abschiebung nach Deutschland rechnen. Mit Hilfe von Nelly Guggenbühls Familie kommt er zu einem „Nansenpass", einem Pass für Staatenlose. Am 26. März 1935, seinem 32. Geburtstag, reist er ins argentinische Exil. Kurze Zeit später folgt ihm seine zukünftige Frau.

Die Moreaus versuchen sofort, sich in ihrer neuen „Heimat" zurechtzufinden. Sie lernen die Sprache, und Clément Moreau unterrichtet Kunst an der Pestalozzischule in Buenos Aires und betätigt sich als Zeichner für das deutschsprachige „Argentinische Tageblatt". Mit gleichgesinnten Antifaschisten gründet er „Das Andere Deutschland", den Aufruf unterzeichnet er als parteiloser Sozialist. „Das Andere Deutschland" engagiert sich für die politischen Emigranten, die Gruppierung bekämpft die Nazipropaganda und klärt die Öffentlichkeit über deren Hintergründe auf. Clément Moreau arbeitet als politischer Zeichner für verschiedene Zeitungen. Diese Zeichnungen werden für das „Tausendjährige Reich" dermaßen gefährlich, dass sich der deutsche Botschafter persönlich beim argentinischen Außenministerium um ein Verbot bemüht.[5] Eine Zensur der Anti-Hitler-Zeichnungen kann zum damaligen Zeitpunkt allerdings nicht erzwungen werden. In dieser Zeit beginnt Clément Moreau mit den Linolschnitten zu „Nacht über Deutschland".

1936 kommt die Tochter Tina auf die Welt, sechs Jahre später der Sohn Claudio. Nelly arbeitet als Kinderpsychologin. 1943 verhilft die Armee Peron an die Macht. Von diesem Zeitpunkt an ist es nur noch illegal möglich, gegen den Faschismus vorzugehen. Einflussreiche Freunde von Clément Moreau empfehlen ihm, sich aus dem politischen Spannungsfeld von Buenos Aires zu entfernen.

---

4 Heinrich Rothmund (1888–1961), 1919–1955 Chef der Eidgenössischen Fremdenpolizei.
5 Clément Moreau/Carl Meffert, Grafik für den Mitmenschen. Beitrag Michael Nungesser, S. 166.

Mehrere Monate verbringt er in Jujuy in den Anden. In dieser Zeit entsteht eine große Anzahl Zeichnungen und Linolschnitte vom Leben der lateinamerikanischen Urbevölkerung.

1949 wird er als politischen Gegner nach Patagonien verbannt, daraus wird ein Zwangsaufenthalt unter militärischer Aufsicht im Süden Argentiniens. Es gelingt ihm die Flucht nach Montevideo in Uruguay. Nach einem weiteren Jahr Exil kehrt er nach Buenos Aires zurück. Während der Amtszeit Frondizis hilft er mit beim Aufbau einer Schule und der Universität von Resistencia in der Provinz El Chaco.

1961 reisen die Moreaus, nach 26 Exiljahren, zurück nach Europa. In der Schweiz suchen sie junge Lehrerinnen und Lehrer, die beim Aufbau der Universität in Resistencia mithelfen. Am 28. März 1962, zwei Tage nach Clément Moreaus 59. Geburtstag, übernimmt in Argentinien das Militär die Macht. In einem Alter, in dem andere sich auf die Pensionierung vorbereiten, entschließen sich die Moreaus, ein weiteres Mal ins Exil zu gehen, diesmal zurück nach Europa. Sie lassen sich in St. Gallen nieder, und Clément Moreau arbeitet als Theaterzeichner für verschiedene Schweizer Zeitungen und unterrichtet an der Kunstgewerbeschule in St. Gallen.

In Lateinamerika hatte er seinen Platz unter den wichtigen Künstlern. Europa hatte ihn vergessen und tat sich schwer, ihn neu kennen zu lernen. Clément Moreau starb am 27. Dezember 1988.

> Man könnte von meinem Leben eigentlich sagen: von Beruf bin ich ein Emigrant. Wo ich auch hinkam, nach kurzer Zeit musste ich als Emigrant wieder weg. Einfach: man wird als Emigrant durch die Welt gehetzt.[6]

„La comedia humana"/„Nacht über Deutschland"

In Argentinien entsteht in den Jahren 1937/38 eines der bedeutendsten Werke antifaschistischer Exilkunst. „La comedia humana" oder „Nacht über Deutschland"[7], wie Clément Moreau es später nennt, umfasst am Ende ca. 200 Linolschnitte und erscheint 1940 einmal in der Woche in Serien von vier Bildern in argentinischen Zeitungen.

In Argentinien begegnet Clément Moreau Menschen, die über die politischen Zustände und Lebensbedingungen in Europa wenig wissen und er trifft Menschen, die weder lesen noch schreiben können. Seine Bilder werden zur Sprache, die keiner Übersetzung bedarf.

---

6 Film von Richard Dindo: Clément Moreau: Gebrauchsgrafiker. 1977/78.
7 La comedia humana/Nacht über Deutschland. 1937/1938. 107 Linolschnitte auf Japanpapier (Gampi). Erstveröffentlichung im „Argentinischen Tageblatt" und „ARGENTINA LIBRE", 1940.

„Nacht über Deutschland" erscheint im deutschsprachigen „Argentinischen Tageblatt", in „Argentina Libre", „Critica" und „La Vanguardia". Die Auflagen sind hoch und das Interesse ist groß. Die Zeitung wird die Waffe, mit der Clément Moreau seinen Kampf gegen den Hitlerfaschismus führt.

„Nacht über Deutschland" entsteht aus der Not der Zeit und war nie als Kunstmappe konzipiert. Einige wenige Abzüge von jedem Schnitt werden auf hauchdünnes Japanpapier gedruckt. Nelly Meffert hat sie aufgeklebt und aufgehoben – so ist uns „Nacht über Deutschland" in drei Exemplaren erhalten geblieben. Die hier gedruckten Abbildungen befinden sich in der Stiftung Clément Moreau im Schweizerischen Sozialarchiv in Zürich, ein weiteres befindet sich in der Grafischen Sammlung der ETH Zürich.

In der kommunistischen Zeitung „Basler Vorwärts"[8] erscheinen im Jahre 1933 drei Grafiken von Clément Moreau, welche die Foltermethoden des Nazi-Faschismus zum Thema haben. Der illegale deutsche Emigrant ist besonders hellhörig, was in Deutschland vor sich geht. „Selbstmord/Nur ein Jude", „Schutzhaft" und „Auf der Flucht erschossen" sind die Titel dieser drei Bleischnitte. Der Zeitung fehlt das Geld für die Klischees, und um Kosten zu sparen, schneidet Clément Moreau seine Anklage direkt in die schweren Bleiklötze.

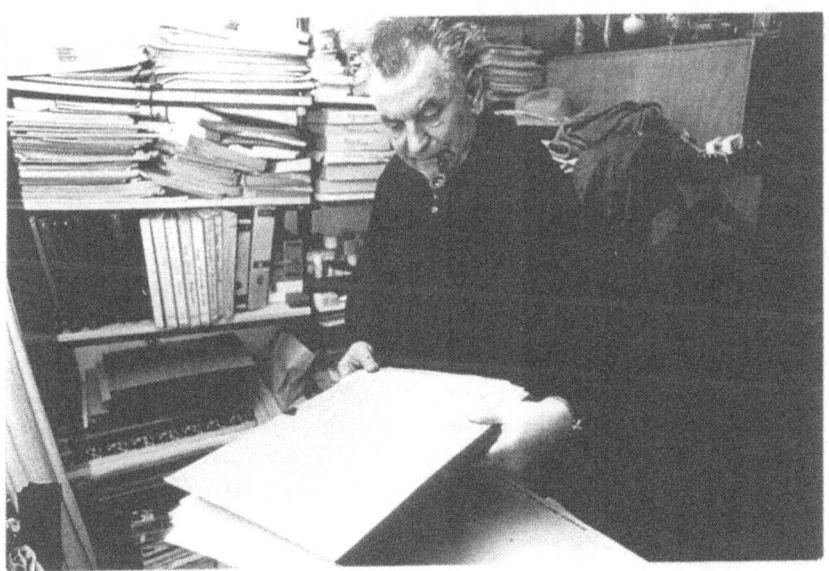

Clément Moreau, Zürich 1976 (Foto:Roland Gretler)

---

8 „Basler Vorwärts" Zentralorgan der Kommunistischen Partei der Schweiz. Sektion der Kommunistischen Internationale.

Zwischen dem 13. Oktober und 22. Dezember 1933 erschien in der schweizerischen Gewerkschaftszeitung „Der Öffentliche Dienst"[9] wöchentlich ein kleiner Linolschnitt. Der Inhalt dieser neun Drucke befasst sich mit dem Staatsterror in Deutschland. Die drei Bleischnitte und diese einzelnen Bilder greifen Themen auf, welche Clément Moreau später in „Nacht über Deutschland" zu einzelnen Zyklen ausarbeiten wird. Es sind dies: die Verhaftung, das Verhör, die Zwangsarbeit, der Mord an den Juden, die Schreibtischtäter, die Folter, die Kulturverächter, das Jugendgefängnis und der plombierte Sarg.

In der Stiftung Clément Moreau befinden sich 14 Skizzen und Vorzeichnungen zu einem Zyklus, der nie in Linoleum geschnitten wurde. Thematisch ist es die Flucht eines Menschen vor einer Diktatur und der illegale Aufenthalt in einem fremden Land. Die einzelnen Blätter erzählen von dem Mut und dem Risiko, welche Menschen eingehen, die einen Staatenlosen bei sich aufnehmen, und von einem Mann der Kirche, der diesen Mut nicht hatte. Diese Blätter entstanden zwischen 1933–1935. Clément Moreau lebte damals im Verborgenen illegal in der Schweiz. Die eigene Situation und die von vielen Emigranten aus Deutschland war der Anlass für diese Zeichnungen. Er hat diese Blätter ins Exil mitgenommen, und dort bildeten sie zwei Jahre später die Grundlage für den 2. Teil von „Nacht über Deutschland".

1976 erschien „Nacht über Deutschland" als Buch.[10] Clément Moreau hatte die Auswahl der Linolschnitte getroffen und sie in geschlossenen Bildfolgen mit fließenden Übergängen zusammengestellt. In den argentinischen Zeitungen wurden die Drucke durch einen erzählenden Text von Luis Baudisone begleitet. Im Buch verzichtet Clément Moreau auf diesen Text und beschränkt sich auf ein paar kurze Bildtitel.

Dieses Bilderepos setzt sich aus zwei Teilen zusammen. Der erste Teil (Abb. 1–77) besteht aus verschiedenen kürzeren Bildergeschichten. In ihnen würdigt Clément Moreau die Menschen, die im Verborgenen oder öffentlich gegen die Tyrannei des Nazismus ankämpften und darunter leiden mussten.

Im Zentrum des zweiten Teiles (Abb. 78–107) steht die Flucht vor dem totalitären Staat in ein anderes Land. Es ist die Geschichte eines einzelnen Menschen. Parallelen zu Clément Moreaus eigenem Emigrantenschicksal sind erkennbar. Gesichter, Uniformen und Abzeichen haben sich in der Zwischenzeit verändert – aber „Nacht über Deutschland" hat bis heute seine Gültigkeit behalten.

---

9 VPOD: Verband Personal Öffentlicher Dienste (Schweiz). In dieser Verbandszeitung erschienen während der Jahre 1933–1934 regelmäßig Arbeiten von Clément Moreau. Auch in Clément Moreau/Carl Meffert, Grafik für den Mitmenschen, Abb. 244–352.
10 Clément Moreau, Nacht über Deutschland; Verlag der Neuen Münchner Galerie, München 1976.

I. Teil

Abbildung 1–8

Das erste Blatt von „Nacht über Deutschland" beginnt mit dem offiziellen Radiosender. Die gespaltenen Zungen der Hakenkreuzfahnen wehen von rechts her gegen links. Über ihnen sind die bedrohlichen schwarzen Trichter der Lautsprecher montiert. Aus ihnen brüllt das verlogene Wort der Nazipropaganda auf die Volksmenge ein. Teilnahmslos und wartend stehen die Menschen da. Die einzelnen Individuen sind in diesem dicht gewobenen Helldunkel-Rhythmus von Licht und Schatten kaum zu erkennen. Die Uniformierten fallen auf. Sie haben sich unter die Frauen und Männer gemischt, damit niemand der Manipulation entgehen kann.

In den ersten acht Linolschnitten entzündet sich die Tyrannei des Staates am einzelnen Individuum beim verborgenen Abhören eines illegalen Radiosenders. Auf dem Blatt „Der illegale Sender" erscheint ein Selbstporträt von Clément Moreau. Es ist der Mann mit der Pfeife im Mund.[11]

Abbildung 9–22

Mit dem Schnitt Abb. 9 beginnt „Das Verhör". Auf dem folgenden Druck (Abb. 10) wird ein Mann in einen grell erleuchteten fensterlosen Raum geführt. Die Hände des Mannes sind gebunden. Das, was er vor sich im Raume sieht, versetzt ihn in Panik. Seine Kräfte verlassen ihn, und nur noch mühsam kann er sich auf den Beinen halten. Der SS-Mann mit dem verschatteten Gesicht weist ihm mit zynischer Höflichkeit den Weg, und im Hintergrund bereitet sich der Schläger auf seine Arbeit vor.

Dieser Schnitt ist eine Hommage an Honoré Daumier, dessen Werk Clément Moreau durch Eduard Fuchs[12] kennen gelernt hatte. Er bezieht sich hier auf die Lithografie „Sie haben das Wort, erklären Sie sich, sie sind frei" aus dem Jahre 1835. Es sind die sprechenden Gesten der Hände und Arme, die Clément Moreau von Daumier übernimmt. Die Vertreter des Staates vergreifen sich am Einzelnen, die empörende Abscheulichkeit ist das Gemeinsame der beiden Grafiken.

Auf dem folgenden Schnitt (Abb. 11) steht der erschöpfte Schläger direkt vor dem Betrachter und wischt sich den Schweiß aus dem Gesicht. Er hat seine „Arbeit" unterbrochen, weil er am Ende seiner Kräfte ist. Was zwischen den beiden Bildern geschehen ist, zeigt Clément Moreau nicht. Er überlässt das Dazwischen dem Einfühlungsvermögen des Betrachters. Diese besondere Art, ihn mit einzu-

---

11 Auf Abb. 67 sieht man ihn auf der linken Seite mit seinem Freund Pieter Siemsen, dem Sohn von August Siemsen. Auf der Abb. 87 bearbeitet er dieses Selbstporträt für den Mann im Regen.

12 Eduard Fuchs (1870–1940), marxistischer Kulturwissenschaftler, Historiker, Schriftsteller und Kunstsammler.

beziehen, trifft man im ganzen Zyklus an. Clément Moreau hat sich diese Arbeitsweise in Berlin angeeignet.[13] Käthe Kollwitz[14], seine Lehrerin, hat ihn dabei begleitet.

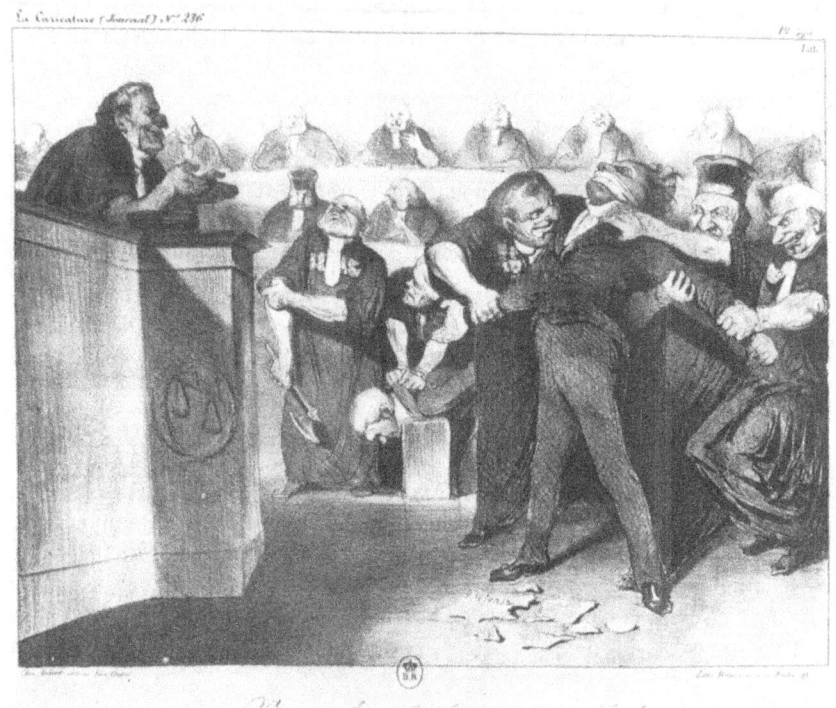

Honoré Daumier: „Sie haben das Wort, erklären Sie sich, Sie sind frei", 1835

Abbildung 23–33

„Ein Strick, um sich selbst aufzuhängen" (Abb. 23): Ein Mann in einer schwarzen SS-Uniform und dem Totenkopf-Emblem steht im Türrahmen der Gefängniszelle. Er überreicht dem Gefangenen – oder dem Betrachter – mit einer unausweichlichen Geste den Strick, um sich selber aufzuhängen. Die Schlinge ist bereits geknüpft, und mit verachtendem Interesse beobachtet der SS-Mann die

---

13 Fürsorgeerziehung. Berlin: Galerie Neumann-Nierendorf 1929. 20 signierte Original-Linolschnitte, davon einer als Titelblatt (Schnitt 12 und 13).
14 Käthe Kollwitz (1867–1945), Künstlerin und Bildhauerin. Auch in: Käthe Kollwitz/Clément Moreau. Katalog der Ausstellung Künstlerhaus Metternich, Koblenz 1989.

Reaktion des Gefangenen. Hinter ihm das wichtigtuerische Grinsen eines Helfers, dem man schon auf Abb. 4 begegnet ist.

Einen eigenen Erzählstrang widmet Clément Moreau dem libertären Dichter Erich Mühsam und seiner Frau Zenzl. Vom 9. auf den 10. Juli 1934 wurde Erich Mühsam im Konzentrationslager Oranienburg gezwungen, sich selber das Leben zu nehmen. Als er es nicht tat, ermordete man ihn, und die Henker gaben sich nicht einmal die Mühe, einen zweifelsfreien Selbstmord vorzutäuschen. Als junger Mann war Clément Moreau Nachbar und Freund des Ehepaars an der Dorchläuchtingstraße in Berlin gewesen.[15]

Abbildung Nr. 34–37

In diesen vier Schnitten stehen die Frau und der Sohn eines Gefangenen im Bildgeschehen. Die einzelnen Blätter erinnern an die Mappe „Fürsorgeerziehung" aus dem Jahr 1929. In dieser frühen Arbeit setzt sich Clément Moreau direkt und indirekt mit seiner eigenen Jugendzeit als Fürsorgezögling auseinander. Durch das Zeichnen und Schneiden bannt er seine eigene bedrängende Gefühlswelt. Der künstlerische Prozess verharrt aber nicht beim Bewältigen seiner individuellen Befindlichkeit, in seinem Werk öffnet er den Blick auf die damaligen gesellschaftlichen Zustände. Bei jedem einzelnen Schnitt geht er von seinem eigenen Empfinden aus. Er fühlt sich in den Menschen hinein, der diese oder jene Situation erleben muss. Daraus entwickelt er in unzähligen Zeichnungen und Andrucken eine endgültige Fassung. Jeder einzelne Linolschnitt ist sorgfältig durchgestaltet, bis die Form und der Inhalt eine Einheit bilden. Die einzelnen Blätter werden zum Seherlebnis für den Betrachter und verankern sich unvergesslich in seiner Erinnerung.

> Man muss den Betrachter immer im Auge haben. Der Betrachter ist die Basis, für den wird geschafft. Mein Wunsch ist, eine Fortsetzung von Käthe Kollwitz zu sein oder von Zille: Der gedankliche Hintergrund meiner Arbeit ist immer ein menschliches und soziales Problem.
>
> Meine Arbeit ist keine theoretische Aufklärung, keine Veranschaulichung einer Theorie, sondern eine Veranschaulichung der Erlebnisse des Menschen in seiner Zeit. So finde ich Verständnis. Der Betrachter muss die Ereignisse nicht selbst erlebt haben, aber ich muss sie ihm so verdeutlichen, dass es ihn erschüttert. Es geht ja nicht nur um das Opfer, ich muss ja versuchen, eine ganze Situation zu schildern. Es sind ja auch die Frauen da, es sind ja die anderen da, die da mitbetroffen werden, die erschüttert werden. Es sind die Kinder da, es sind die Nachbarn da, alles, was dazugehört.[16]

---

15 Schriften der Erich-Mühsam-Gesellschaft. Heft 31. Wie aktuell ist Mühsam? Thomas Miller, Erich Mühsam zum Gedächtnis. Clément Moreau und seine Kunstauffassung.
16 Müller-Strunk, Marion, Lernen mit Clément Moreau. Ästhetisches Handeln als Prozess der Solidarität. Dissertation. Verlag Keller und Wahl, Schweiz 1981, S. 83.
Auch in: „Clément Moreau: ‚Im Auftrag meiner Neugier' von Marion Müller-Strunk, Limmat-Verlag-Genossenschaft, Zürich 1987.

Abbildung 38–52
Einer der Männer (Abb. 39) steht unmittelbar vor der Entlassung aus dem Gefängnis. Unter dem linken Arm hält er das Bündel mit seinen Habseligkeiten. Das Gesicht unter dem Hut ist gezeichnet. Die eingefallenen Augen blicken widerstandslos ins Leere. Das Gefängnis, der Ort wo man diesen Mann gebrochen hat, schließt das Bild gegen hinten ab. Die plumpe Faust des Uniformierten umklammert das Gittertor und versperrt dem Mann den Weg nach draußen. Die Schirmmütze hat er tief ins Gesicht gezogen, die Unterlippe wichtigtuerisch nach vorne geschoben, und mit zusammengekniffenen Augen prüft er den Entlassungsschein. Die Uniform der Nazis verschafft ihm eine Bedeutung, die er sich selber nicht geben kann.

Die dann folgenden Linolschnitte konzentrieren sich auf die Auswirkungen des Nazismus auf die familiären Beziehungen. Der eigentliche Höhepunkt in diesem Zyklus ist die Begegnung zwischen dem Vater und dem Sohn. In diesen vier Schnitten verdichtet Clément Moreau das Drama bis zur Unerträglichkeit. Stramm und mit geübtem herrischem Gesichtsausdruck schreitet der uniformierte Bube durch die Eingangstüre. Der Vater tritt aus dem Dunkel des Raumes. Mit ausgebreiteten Armen will er sein Kind begrüßen. Der Sohn steht ihm mit geduckter Körperhaltung gegenüber. Die angebliche Selbstsicherheit ist gewichen. Mit offenem Mund starrt er verärgert auf seinen Vater, der sein Feind geworden ist. Der Trotz entstellt sein Gesicht, und mit dem Gruß des Führers reagiert er auf den Vater. Sein Vater, ein Gegner des Führers, hält für einen Moment inne. Sein Gesichtsausdruck verhärtet sich und dann schlägt er zu.

Das Ereignis spielt sich auf allen vier Schnitten bei der Eingangstüre ab. Der Bildausschnitt ist eng gewählt und verändert sich kaum. Der Betrachter steht unmittelbar vor dem Ereignis, und dieser Standpunkt verunmöglicht es ihm, den Vorfall „objektiv" zu beurteilen.

Der flackernde und unruhige Rhythmus des Helldunkels auf den Linolschnitten erhöht die seelische Spannung. Der Eigenschatten auf den Gesichtern und auf den Körpern steigert die Illusion der Wirklichkeit, und wie im Film ziehen nun die einzelnen Sequenzen am Betrachter vorbei.

> Für mich war vor allem der Stummfilm wichtig für die Arbeit an den Serien. Es ist immer der Versuch gemacht worden, über ein Thema so kurz wie möglich grafisch etwas festzuhalten. Im Stummfilm wird der Beschauer ja auch nur durch das, was er mit dem Auge aufnimmt, beeinflusst. Die Bilder sprechen ohne Worte. Ab und zu gibt es einen kurzen Text, den man auch beim Bild verwenden kann, aber der Ablauf des Ganzen wird mit den Augen aufgenommen, das ist die Funktion, das ist das Wichtigste beim Bild. Man muss sehen können, was sich entwickelt oder was gesagt werden soll, und man muss den Betrachter immer im Auge haben. Zusammenhänge sind aufzudecken. Darum die Bildergeschichte. Den Men-

schen soll etwas klar werden. Und ich versuche, das so einfach zu machen, dass es jeder verstehen kann. Der Betrachter ist wichtig, für den wird geschafft.[17]

Abbildung 53–77

Zwei männliche Gestalten fliehen vor etwas (Abb. 68). Der hintere Mann befindet sich noch im ungeschützten gleißenden Weiß, lang zieht sich sein Schatten durch die Bilddiagonale. Der andere wird vom Schwarz der Dunkelheit aufgenommen, noch einen kurzen Augenblick und sein hastender Schritt verschwindet ganz. Die beiden alltäglich bekleideten Männer haben nichts bei sich. Sie sind nicht erkennbar, ihre Oberkörper werden durch die Bildränder angeschnitten. Der Horizont ist weit nach oben gesetzt. Die schiefen Wände führen mit den Schatten in die Tiefe, ins Bodenlose. Der Bildausschnitt ist der schnelle Blick eines zufälligen Zeugen. Alles hat damit begonnen, als die zwei Männer einer Frau zur Hilfe eilten, die von betrunkenen Offizieren bedrängt wurde. Mit der Geste des Mutes versetzten sie sich ins Unrecht gegenüber dem Nationalsozialismus. Von nun an rechtfertigt sich der Terror von den Handlangern der Diktatur am einzelnen Menschen mit dem Argument des Staatsschutzes. Um ihr Leben zu retten, müssen die Männer fliehen.

> In „Nacht über Deutschland" zeige ich die Zeit, aber in einem menschlichen Sinne. Nirgendwo kann man dahinter schreiben: Und darum hinein in die III. oder IV. Internationale, in diese oder jene Partei. Es wird einer abgeführt, aber Du siehst auch die Frau und die Kinder, einer kommt zurück und Du siehst seine Familie, deren Reaktion darauf,. Menschen handeln ja nie autonom, sie stehen in Beziehung und ihr Handeln bewirkt etwas, Freude oder Trauer.

> Durch die Umstände setzen sie sich ins Unrecht gegenüber denen, die die Uniform tragen. Das sind alles Sachen, die jedem passieren können und die eigentlich auch jeder verstehen müsste. Das Entsetzen der anderen, das ohnmächtige Entsetzen, die Angst, das ist eine Wirklichkeit, das sind Gefühlsreaktionen auf die Erlebnisse der Wirklichkeit und das muss gezeigt werden.

> Die Empörung über die Unterdrückung und die Angst vor der Unterdrückung sind real, dies bewusst zu machen, darauf hinzuweisen, ist meine Aufgabe, und indem ich es zeige, spreche ich darüber und das hilft, die Angst zu überwinden und sich der Realität zu stellen.

> In „Nacht über Deutschland" wird deutlich, dass ich nicht verurteile, sondern zeige, ich zeige Tatsachen auf, auch die unangenehmen, gerade diese und überlasse es dem Beschauer, daraus Schlüsse zu ziehen, ich würde mich freuen, wenn er die richtigen daraus zieht. In „Nacht über Deutschland" ist alles authentisch, was geschieht, was geschildert wird. Szenen, die tatsächlich passiert sind. Das ist die Basis meiner Arbeit.

---

17 Clément Moreau/Carl Meffert, Grafik für den Mitmenschen. Beitrag von Marion Strunk, S. 24.

II. Teil

Abbildung 78–107

Einem der Männer ist es gelungen zu entkommen (Abb. 78). Mit angsterfüllten Gesichtszügen, geballten Fäusten und heftigen Körperbewegungen sieht man ihn im Vordergrund des Blattes. Schutzlos rennt er im grellen Lichtschein des Mondes um sein Leben. Die scharf geschnittenen Schlagschatten greifen vergeblich nach ihm. Über ihm spinnen Telefonleitungen die Fäden ins Dunkle der Nacht – noch wird er gejagt.

Die folgenden 30 Linolschnitte handeln davon, wie es einem Menschen ergeht, wenn er fliehen muss, um sein Leben vor dem Staat zu schützen. Das, was dieser Mann auf der Flucht erleben muss, ist von bestürzender Aktualität. Ein Flüchtender muss sich immer im Verborgenen aufhalten und muss sich in angespannter Aufmerksamkeit fortbewegen, damit er nicht auffällt (Abb. 78–82). Seine existentiellen Bedürfnisse wie Hunger und Durst begleiten ihn in der Zeit der Ungewissheit (Abb. 83–85). Schützende Unterkünfte gibt es nicht. Er ist dem Wetter ausgesetzt, und oft schützt ihn nur die Nacht (Abb. 86–88). Wenn der Staat sich bedroht fühlt, verstärkt er seine Aufmerksamkeit an den Grenzen, damit niemand sie überschreiten kann (Abb. 89–90). Menschen ohne Ausweise werden zurückgewiesen (Abb. 91–93), und der einzige Ausweg, der ihnen offen steht, bedeutet oft auch, das eigene Leben zu riskieren (Abb. 94–100). Staatenlose Mensch sind keine Menschen mehr (Abb. 101–107).

Mit „Der offizielle Radiosender" (Abb. 1) leitet Clément Moreau sein Bilderepos „Nacht über Deutschland" ein. Den Massen wird eingetrichtert, wie der neue Mensch zu sein hat. Der Abschluss wird durch das verzweifelte Individuum bestimmt, welches sich weigert, hier mitzumachen. „Kein Mensch mehr, ein Staatenloser" (Abb. 107), mit diesem Schnitt endet „Nacht über Deutschland".

Der verzweifelte Mann bestimmt das ganze Bild. Jede Linie im Körper drängt hin zum Rufen. Mit der Geste „versteht mich denn niemand" unterstützt die Hand den aufgeregten Zustand. Der Mann ist dabei zu entgleiten. Mit weit aufgerissenen Augen erkennt er, in welch auswegsloser Situation er sich befindet. Für den Beamten in der linken unteren Bild-Ecke werden solche Ausbrüche von Staatenlosen zur Normalität. Er hat sich eine dicke Haut zugelegt. Gelassen und mit aufgestütztem Kopf nimmt er diese Situation hin. Anders sein Kollege im Hintergrund. Er sitzt vor einem offenen Karteischrank und hält ein beschriftetes Papier in den Händen, um es ins Register zu legen. Der Fall wird abgeschlossen. Ihm ist der Ärger ins Gesicht geschnitten. Missmutig blickt er dem Verzweifelten nach: „Er soll sich benehmen – alles hat seine Ordnung!"

Mit wie vielen Augen kann einer ein Bild sehen? Mit zweien. Also muss ich doch an die zwei Augen denken. Es geht den einzelnen an. Ich muss versuchen, das so zu zeigen, dass die zwei Augen an dem interessiert sind, was sie sehen. Wenn jetzt hundertmal zwei Augen nebeneinander stehen und das alles interessiert ansehen, dann habe ich Glück. Aber mehr als zwei Augen auf einmal kann ich nicht befriedigen. Es sollen viele einzelne Augenpaare sehen, aber es muss den einzelnen treffen, erschüttern. Anders geht's nicht. Der Anstoß geht über das Gefühl, wenn er nicht ergriffen ist, nicht angeregt ist, dann wird er auch nichts miterleben und nichts begreifen. Zuerst das Gefühl, dann der Verstand. Immer zuerst das Gefühl.[18]

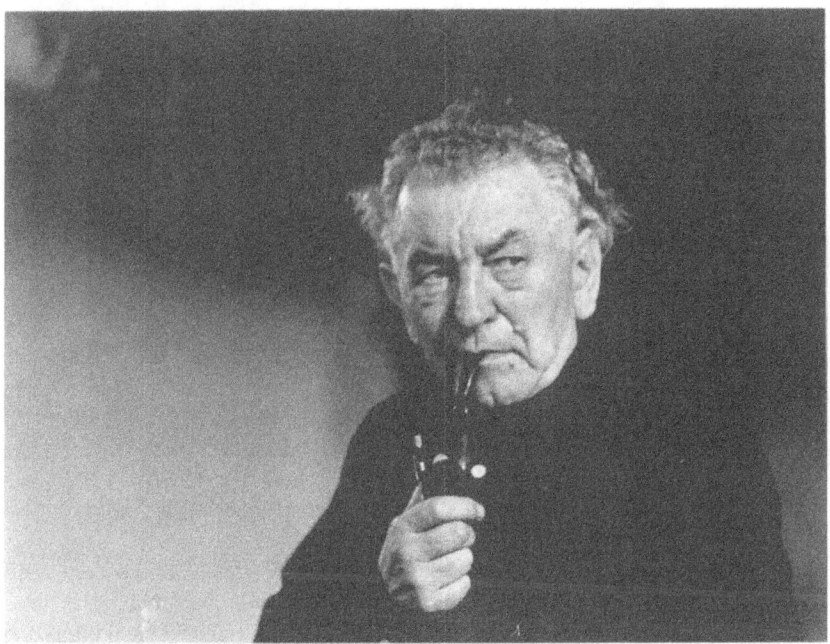

Clément Moreau, Zürich 1977 (Foto: Niklaus Stauss)

---

18 Müller-Strunk, Marion, Lernen mit Clément Moreau. Ästhetisches Handeln als Prozess der Solidarität. Dissertation. Verlag Keller und Wahl, Schweiz 1981. S. 83.

Eva Korazija

CM und CH/Clément Moreau und die Schweiz

Carl Meffert kam 1930 ein erstes Mal in die Schweiz, um in der oberhalb von Ascona gelegenen Land- und Künstlerkommune Fontana Martina mitzuarbeiten.

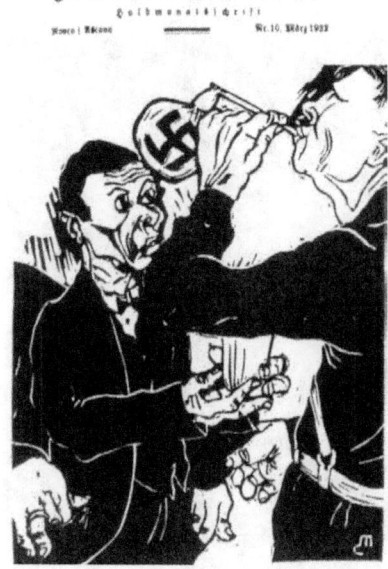

„Fontana Martina" Nr. 10, 1932
Clément Moreau: Hitler, der
Seifenbläser, Linolschnitt

Dort gaben politisch verfolgte deutsche Künstler eine gleichnamige Zeitschrift heraus (bis 1932); die Leitung hatte Fritz Jordi, zeitweise zusammen mit Heinrich Vogeler. Diese Zeitschrift verstand sich als politische Gegenkultur und wollte zur Vorbereitung einer humanen sozialistischen Kultur beitragen. Von den Holz- und Linolschnitten, mit denen die Hefte ausgestattet sind, stammen alle künstlerisch bedeutenden von Meffert. Sie handeln vom vorfaschistischen Polizeiterror (eigentlich für ein „Handbuch für Polizeihandgriffe" gedacht). Darüber hinaus hat CM immer wieder Beobachtungen geliefert, die den aufkommenden Tessin-Tourismus karikieren und die Idylle des CH-Sonnenstübchens untergraben. Dieser Wirkungskreis wurde Meffert bald zu eng; andererseits wurde die politische Lage in Deutschland immer unerträglicher.

Nach einem letzten Aufenthalt in Berlin 1933 gelang ihm mit knapper Not die Flucht zurück über die Schweizer Grenze. Bilder, die von diesem Erlebnis und den Erfahrungen mit den Schweizer Behörden erzählen, beenden den späteren,

107 Linolschnitte umfassenden Bildbericht *Nacht über Deutschland*. Von da an bis zu seiner Ausweisung aus der Schweiz 1935 arbeitete Carl Meffert (der sich nun Clément Moreau nannte) illegal in Basel, Zürich und kurze Zeit in Genf für die schweizerische Linke, und zwar in echter Volksfrontposition sowohl für die kommunistische wie die sozialdemokratische Partei, die einander vor 1935 spinnefeind waren. Zu allen ihren Vorstößen hat er mit Linol- und Bleischnitten (um die Herstellung teurer Klischees für den Zeitungsdruck zu sparen!) in der Arbeiter- und Gewerkschaftspresse beigetragen. Im Basler *Vorwärts*, Zentralorgan der kommunistischen Partei der Schweiz, kommentierte CM die Genfer Ereignisse vom 9. November 1932 (den Militäreinsatz an einer Kundgebung gegen eine profaschistische Versammlung, der dreizehn Tote forderte) sowie außenpolitische Entwicklungen, besonders in Deutschland. Für den Schweizerischen Verband des Personals der Öffentlichen Dienste VPOD und seine Zeitung *Der Öffentliche Dienst* führte CM während der Jahre 1933/34 eine Bild-Kampagne gegen den rigorosen Lohnabbau. Als die Gewerkschaften als Gegenvorschlag zur offiziellen Krisenbekämpfungspolitik für einen „Plan der Arbeit" warben, stellte er Lohnabhängigen, Gewerbetreibenden und Bauern in einer umfassenden Bilder-Chronik ihre soziale Lage vor Augen, um sie bündnisbereit zu stimmen; für die einen wurde sie in der Zeitung, für die anderen in „Bauernflugblättern" verbreitet. Die visuelle Schlagkraft dieser Bilder erreichte kein Schweizer Holzschneider. Gleichwohl gab es eine ganze Reihe von Künstlern, die mit weltanschaulichen Zielen eindringliche Grafikblätter schufen.

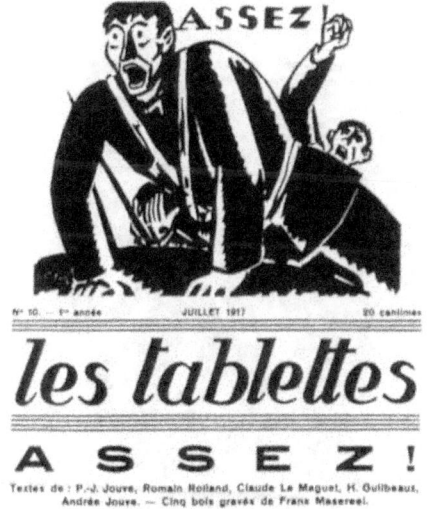

„Les Tablettes" Nr. 10, 1917
Frans Masereel, Holzschnitt

Im Übrigen waren es in der Schweiz immer wieder Emigranten gewesen, denen Krieg und gewaltsame Austragung sozialer Spannungen Stoff zu engagierter Stellungnahme waren. Neben Zürich war Genf während des Ersten Weltkriegs ein zweiter Brennpunkt pazifistischen Widerstands. In Zürich äußerte sich die Antikriegskampagne der Emigranten als intellektueller, dem „Volk" unverständlicher Kulturprotest der Dadaisten. In Genf dagegen trug sie den Charakter politischer Agitation. Dort veröffentlichte der flämische Emigrant Frans Masereel in seiner Zeitschrift *Les Tablettes* (1917 bis 1919) rund fünfzig Holzschnitte als glühende Aufrufe gegen den Krieg. Es folgte bis 1921 die fruchtbare Verlagstätigkeit der eigenen *Editions du Sablier* neben der Zusammenarbeit mit anderen Herausgebern. (Der Kontakt mit schweizerischen Verlegern und Künstler-Kollegen sollte sich während der Kriegs- und Nachkriegsjahre des Zweiten Weltkriegs erneuern.) Masereels verständliche Bildmotive, in plakativ geraffter Formensprache klar vorgetragen, gingen in diesen Jahren von Genf aus um die Welt: als Einzelschnitt und Album, als Flugblätter und billige Volksausgaben ganzer Bilderromane. Zwischen 1918 und 1930 erschienen in der Genfer Linkspresse, regelmäßig vor allem in der Zeitschrift *Le réveil anarchiste*, Holzschnitt-Illustrationen, die einen ausgesprochen klassenkämpferischen Ton anschlugen. Es sind Bilder in knapp zusammenfassendem, vom Vorbild Masereels beeinflusstem Stil, Bilder einer schonungslosen Kritik der Genfer Krisen-Politik und der Kriegstreiberei der europäischen Mächte. Die Autorschaft von Alexandre Mairet, den man als konventionellen Maler kannte, blieb lange anonym. Eine Kunst der bewussten Tendenz hat ihrem Autor selten zu vorteilhafter Reputation im bürgerlichen Publikum verholfen.

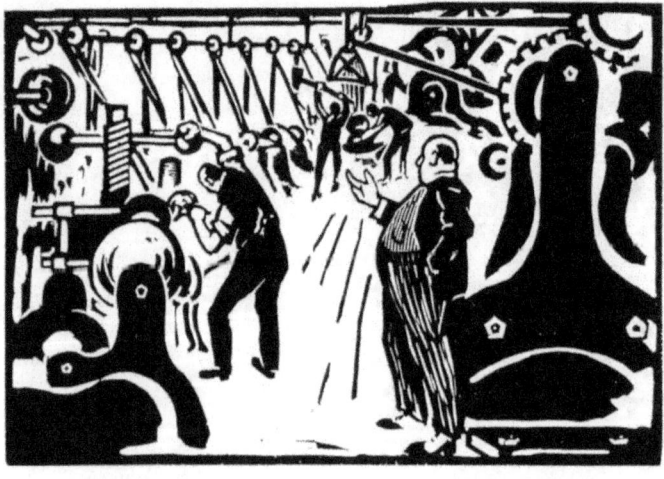

Alexandre Mairet, La liberté bourgeoise du travail –
Aux rares élus: huit heures ne sauraient suffire. 1922, Holzschnitt

Ein Künstler, der malt und graphische Werke produziert, tut beides auf ganz verschiedenen Grundlagen. Er konzipiert als Maler und als Graphiker je nach Stilgesetzlichkeit dieses oder jenes Verfahrens […]. Denken wir z.B. an Masereel oder an Fritz Pauli, die in ihren Malereien kaum Gebrauch machen von ihren im Holzschnitt und der Radierung so berechtigten sozialliterarischen Themen.

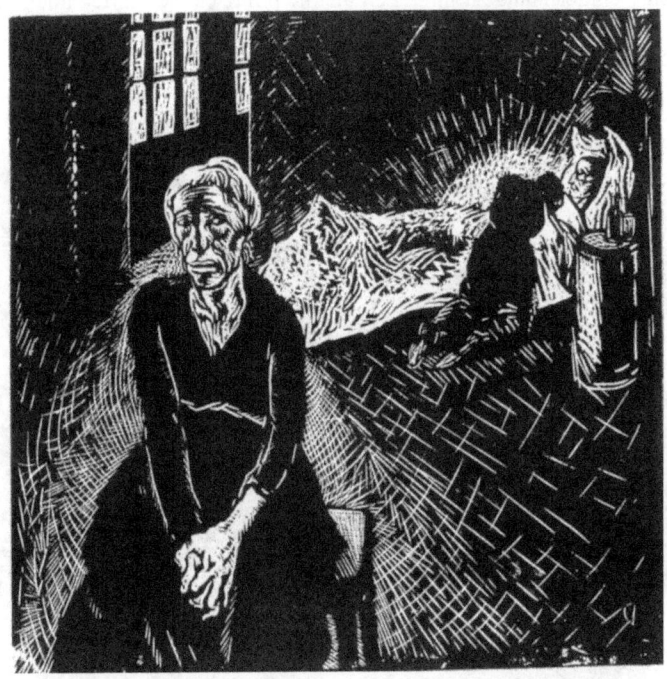

Gregor Rabinovitch, Krankenzimmer, 1919, Holzstich

Der das 1934 äußerte, Gregor Rabinovitch, war selbst ein vielseitiger Radierer und hat Druckgrafik stets als traditionelles Massenmedium verstanden. Er wusste: Für Themen, die viele angingen, hatten Künstler immer druckgraphische Ausdrucksmittel gewählt. Selbst ein russischer Emigrant, lebte er seit 1914 zuerst in Genf, dann in Zürich. Erinnerungen an die revolutionären Unruhen von 1905 in seiner Heimat und aktuelle Ereignisse in Zürich mochten ihn bewogen haben zu ersten Grafikfolgen mit der Schilderung von Kriegsverbrechen und Vertreibung und einem Anschauungsbericht von der fatalen Entwicklung einer Antikriegsmanifestation, die im November 1917 nach einem Polizeieinsatz mit Todesopfern endete. Seit 1922 arbeitete er über Jahrzehnte an der satirischen Zeitschrift *Nebelspalter* mit. Seine Radierungen griffen Motive aus Irrenhaus, Gefängnis oder Gerichtssaal auf, und zur Zeit des Zweiten Weltkriegs berichteten sie aus russischen Internierungslagern. Der im Rabinovitch-Zitat zusammen mit Masereel erwähnte Fritz Pauli wird mit seiner Malerei in den dreißiger Jahren gern den vom Kunstbetrieb Akzeptierten zugerechnet. Anders mit seiner Druckgrafik. In seinen Radierungen setzten sich expressive Themen seiner Frühzeit, Themen allgemeiner Verunsicherung, fort und mündeten später in konkrete Bedrohungen durch Demagogie, Kriegsgefahr und Flüchtlingsschicksal. Nicht weniger Nähe zu ihrer Zeit als die politisch Reflektierenden bewiesen ja auch diejenigen, die die Gefährdung des Menschen auf einer allgemeineren Ebene des humanen Dokuments kommentierten.

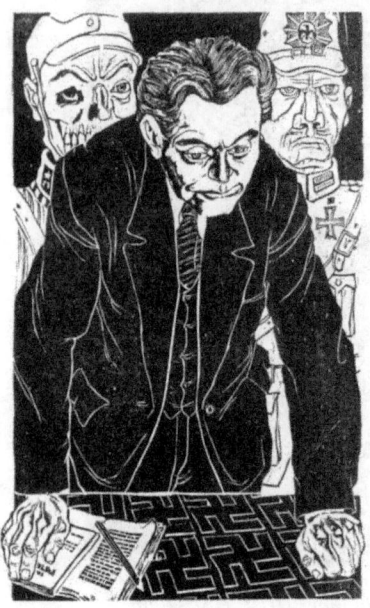

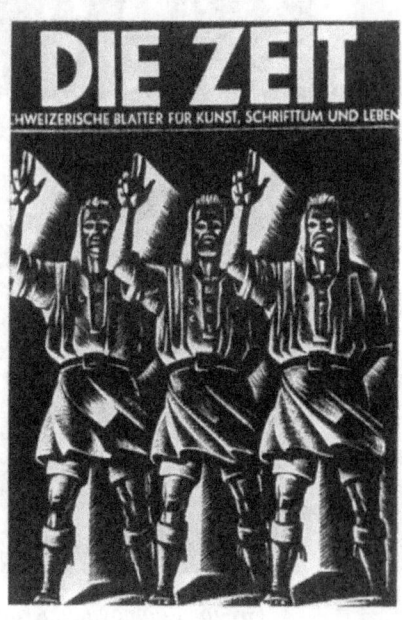

Emil Zbinden, Dimirov (Dimitroff),
1934, Holzstich, 33,6 x 25,6 cm

„Die Zeit" Nr. 4, 1935
Aldo Patocchi: Rütlischwur, Holzschnitt

Für die linke Presse oder oppositionelle Zeitschriften arbeiteten in den dreißiger Jahren auch der Zürcher Holzschneider Emil Burki, der Berner Emil Zbinden oder im Tessin Aldo Patocchi. Burki war vom Öffentlichkeitsauftrag des engagierten Holzschnittbildes überzeugt und hat das in großer Zahl verbreitete Bild einmal mit dem Wandbild verglichen, das allen gleichermaßen zugänglich sei. Schon seit 1923 zeichnete er (wie Rabinovitch) für den *Nebelspalter*. Seit 1932 packte Burki innen- und außenpolitische sowie zivilisationskritische Themen an und solche, die sich mit der schweizerischen Neutralität und Landesverteidigung auseinandersetzen, und veröffentlichte seine Holzschnitte in der linksorientierten Presse. Während seine Darstellungen bis in die Kriegsjahre meistens von Ironie und Kritik bestimmt waren, schlug seine Haltung danach eher in Zustimmung zur neutralen Staatsdoktrin um.

Zbindens Metier war ebenfalls der Holzschnitt – eigentlich der Holzstich. 1932 kam er von einem Aufenthalt an der Akademie der Graphischen Künste in Leipzig, wo er vorfaschistischen Terror miterlebt hatte, in die Schweiz zurück. Hier arbeite er gelegentlich für die Sozialdemokratische Partei und ihre Organisationen; bis 1938 waren die Jahresberichte des Kantonalen Arbeitsamtes Bern von Zbinden gestaltet. Den größten Auftrag, den Emil Zbinden erhalten hat, war die Illustration des Werkes von Jeremias Gotthelf, das die Büchergilde Gutenberg von 1936 bis in die fünfziger Jahre herausgab. Mit den großen Auflagen dieser Edition sind Zbindens Holzstiche zu echter Volkstümlichkeit gelangt, seitdem wurde er aber als Idylliker unterschätzt. Dass es ihm um eine Dokumentation bäuerlicher Kultur und Landschaft ging, wie sie sich mit der Industrialisierung langsam verändert und wie die Leute in diesen Verhältnissen durch Unwissenheit, soziale Ungerechtigkeit und Unterdrückung an ihrer Entfaltung gehindert werden – dazu muss man seine zarten Bilder geduldig betrachten.

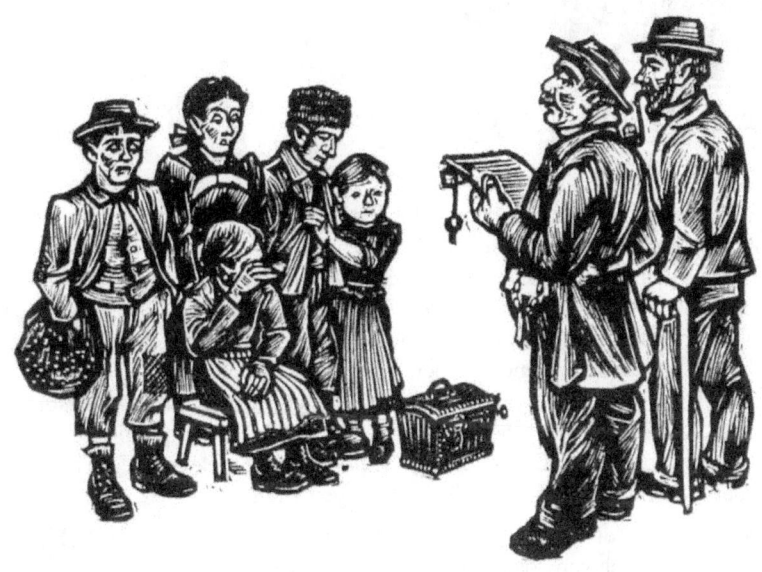

Emil Zbinden, Verdingkinder, vor 1937, Holzstich

Die Büchergilde Gutenberg war 1933 in Leipzig verboten und mit explizit antifaschistischer Zielsetzung in Zürich neu gegründet worden. Innerhalb weniger Jahre verzehnfachte sich die Mitgliederzahl – die Arbeiterkultur florierte. Die Büchergilde wurde ein wichtiger Auftraggeber für die Grafikkünstler. Auch Moreau war beteiligt. Und außer Zbinden arbeiteten für sie (von den hier Genannten) Pauli, Rabinovitch, Fritz Buchser und Aldo Patocchi mit.

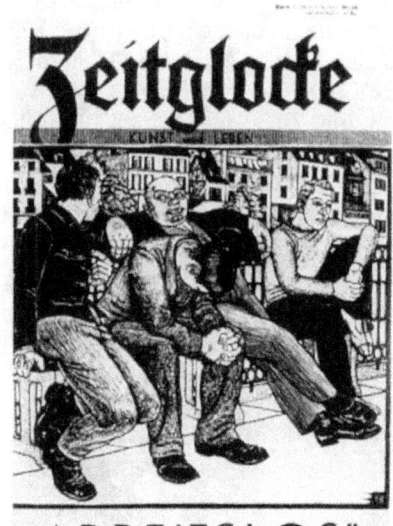

„Zeitglocke" Nr. 18, 1933
Fritz Buchser: Arbeitslose
Holzschnitt

Patocchi arbeitete im Tessin, dem südlichen, eher ländlichen Kanton. Auch seine Holzschnitte erzählen von Land und Leuten dort und von den vom Jahreslauf bestimmten Arbeiten. Was auf den ersten Blick als eine Idylle aus vorindustrieller Zeit erscheint, zeigt auch hier den Einbruch der Moderne. Der Zwang zum Auswandern aus wirtschaftlicher Not und die Trennung von Heimat und Familie beschäftigten Patocchi immer wieder. Schon Anfang der zwanziger Jahre hatte er mit solchen Holz- und Linolschnitt-Illustrationen zum Erscheinungsbild der Tessiner Arbeiterzeitung *Libera Stampa* beigetragen, später dann Arbeitslosigkeit, Kriegs- und Flüchtlingselend geschildert sowie gelegentlich Themen im Sinn der „geistigen Landesverteidigung" aufgegriffen.

Obwohl die Schweiz nicht Kriegsschauplatz gewesen war, hatte der Erste Weltkrieg hier eine schwere ökonomische und nationale Krise ausgelöst, sozialen Aufruhr und gewaltsame Austragung der gesellschaftlichen Spannungen gebracht. Dann, Mitte der dreißiger Jahre, beruhigte sich die innenpolitische Situation in Anbetracht der wachsenden Bedrohung durch die Ereignisse in Europa. Die Parteien schlossen einen „Burgfrieden" und einigten sich zu nationalstaatlichem Zusammenstehen, zur geistigen und militärischen Landesverteidigung. Die kommunistische Partei wurde in einigen Kantonen verboten.

Im Laufe der Zeit konnten sich auch viele engagierte Künstler dem Eindruck von der Dringlichkeit nationalstaatlicher Notwehr nicht entziehen. Es ist nicht zu übersehen, dass sich um die Mitte der dreißiger Jahre die agitatorische Tendenz verlor. Über die glanzlose Rolle des Neutralen half man sich mit der Erinnerung an die mythische Vergangenheit hinweg. So kam es, dass Tells Widerständigkeit oder der Rütli-Schwur gern gesehener Ausdruck eidgenössischer Selbstbestätigung wurden. Exemplarisch lässt sich diese Interessenverlagerung etwa am Werk Fritz Buchsers verfolgen. Von der Dokumentation der Arbeiterkultur entwickelte es sich zur pathetischen Kraftmeierei trotziger geschichtlicher Ruhmestaten – wie etwa die Morgarten-Schlacht, da die Innerschweizer 1315 einen Angriff auf ihre Freiheit urtümlich pariert hatten, indem sie das Ritterheer der Österreicher unter Felsblöcken und Baumstämmen begruben.

CM nahm in diesen Jahren im südamerikanischen Exil seinen Kampf mit Bildern gegen Faschismus und Krieg auf. Seit 1962 lebte er wieder in der Schweiz.

Literaturhinweise:

Eva Korazija, Zeitbilder in der Schweizer Graphik, in: Ein Jahrzehnt im Widerspruch (Dreissiger Jahre Schweiz), Ausstellungskatalog Kunsthaus Zürich, 1982, S. 365–381.

Eva Korazija Magnaguagno, Schweizer Spiegel. Der engagierte Holzschnitt zwischen den Kriegen, in: Eva Korazija Magnaguagno, Der moderne Holzschnitt in der Schweiz, Zürich 1987, S. 108–169.

Eva Korazija Magnaguagno, Schweizerische Künstlergraphik im 20. Jahrhundert. Graphische Sammlung der ETH Zürich, Schwabe AG, Verlag Basel, 2005.

Linolschnittzyklen von Clément Moreau/Carl Meffert

Hamburg
Verlag Junge Garde, Berlin, 1927
6 bezeichnete und signierte Linolschnitte

Zement
Berlin: Galerie Neumann-Nierendorf 1927/1928
9 bezeichnete und signierte Linolschnitte

Deine Schwester
Berlin: Galerie Neumann-Nierendorf 1928
7 bezeichnete und signierte Linolschnitte

Erwerbslose Jugend
Berlin: Galerie Neumann-Nierendorf 1928
Faksimiliert gedrucktes, handschriftlich signiertes Vorwort von Käthe Kollwitz
6 bezeichnete und signierte Linolschnitte

Fürsorgeerziehung
Berlin: Galerie Neumann-Nierendorf 1929
19 bezeichnete und signierte Linolschnitte

Proletarische Kunst
Basel: Verlag der Genossenschafts-Buchdruckerei (Ende 1932)
15 bezeichnete und signierte Linolschnitte

Tagebuch des Spions Edward Kent
Vermutlich Anfang 1933 in Basel entstanden
8 signierte Bleischnitte

Großstadt-Bilder
Zürich-Wien-Prag: Büchergilde Gutenberg (Dezember 1933)
10 signierte Linolschnitte

20 grabados de Clément Moreau
Buenos Aires: Ediciones Iman (ca. 1936)
20 signierte Linolschnitte

Contra el nazismo y el fascismo
Buenos Aires, Argentinisches Tageblatt, 1938
26 Zeichnungen sowie 4 Linolschnitte bzw. Bleischnitte

El que siembra viento recoge tempestades
Buenos Aires (ca. 1841)
31 signierte Blätter (Zeichnungen) und 18 Seiten Text

Mein Kampf
Texto de Adolfo Hitler
Zyklus von über 100 Zeichnungen (ca. 1937) in argentinischen Zeitungen veröffentlicht

La comedia humana/Nacht über Deutschland (1937/1938)
107 Linolschnitte auf Japanpapier (Gampi)
Erstveröffentlichung im „Argentinischen Tageblatt" und „ARGENTINA LIBRE", 1940

El chaco
Zürich, 1963
12 signierte Linolschnitte

Argentina
Zürich, 1973
12 signierte Linolschnitte

Die Brücke im Dschungel
Büchergilde Gutenberg, Zürich Frankfurt Wien, 1979
21 signierte Linolschnitte

Eine Liebesgeschichte
Fünf Linolschnitte
Margrit Heuberger-Brenner gewidmet in Adelboden am 22. Mai 1931
Die Linolschnitte wurden in einer Mappe im Herbst 1991 faksimiliert von Thomas Miller herausgegeben. Sie wurden auf handgeschöpftes Zumaka Japanpapier gedruckt.
Die Mappe liegt in einer Auflage von 50 Exemplaren vor.

Gönnerblatt der Stiftung Clément Moreau
Café de la Paix (Paris), 1929/30
Linolschnitt, 23.7 cm x 20 cm

(Zusammengestellt von Thomas Miller)

Lebensdaten von Carl Meffert / Clément Moreau

1903–1933 Deutschland

1903	Am 26. März 1903 wird Carl Meffert unehelich in Koblenz am Rhein geboren. Der Vater war Postbeamter und katholisch-kaisertreu gesinnt.

1914–1918 1. Weltkrieg

1914	Fürsorgezögling in der Anstalt „Warburg und „Burgsteinfurth" in Westfalen. Mehrfache Fluchtversuche.
1919	Flucht aus dem Erziehungsheim. Anschluss an die Spartakisten.
1920	Von einem Militärsondergericht wegen politischer Delikte zu sechs Jahren Zuchthaus verurteilt. Er verbüßt drei Jahre und vier Monate. Haft in Koblenz und Köln.
1925	Heirat mit Auguste Baizel. Freundschaft und Bekanntschaft mit Hans Rodenberg, Jankel Adler, Franz W. Seiwert u.a. Lehre als Kirchen- und Dekorationsmaler. Tätigkeit als Gebrauchsgrafiker, erste politische Zeichnungen.
1927	Übersiedlung nach Berlin. Geburt der Tochter Karen Freundschaft und Bekanntschaft mit Käthe Kollwitz, Emil Orlik, Heinrich Vogeler, Erich Mühsam, Otto Nagel, John Heartfield u.a. Grafische Arbeiten, Buch- und Zeitschriftenillustrationen für die Arbeiterpresse. „Hamburg", sechs Linolschnitte; Vorwort von Gerhard Pohl. „Zement", neun Linolschnitte; zu dem gleichnamigen Roman von F. Gladkow.
1928	„Erwerbslose Jugend", sechs Linolschnitte; Vorwort von Käthe Kollwitz. „Deine Schwester", sieben Linolschnitte; Auftragsarbeit für Eduard Fuchs. Mitglied der Assoziation Revolutionärer Bildender Künstler Deutschlands (ARBKD, „ASSO"). Aufenthalt in Sils Maria, Besuch im Nietzschehaus, es entstehen Entwürfe für den Zyklus „Fürsorgeerziehung".
1928/29	„Fürsorgeerziehung", 20 Linolschnitte; ebenso wie der Zyklus „Erwerbslose Jugend" Auftragsarbeit für den Reichsausschuss der deutschen Jugendverbände.

1929/30	Mit Arbeiten auf der großen Berliner Kunstausstellung vertreten.
1930	Tod von Auguste Baizel.
1929/1932	Aufenthalte in Paris; Bekanntschaft mit Frans Masereel und Max Lingner.

1930–1935 Schweiz

Seit 1930	Häufige Aufenthalte in der Tessiner Land- und Künstlerkooperative Fontana Martina. Arbeit mit Fritz Jordi, Heinrich Vogeler, Helene Ernst u. a. an der gleichnamigen Zeitschrift während der gesamten Dauer ihres Bestehens (1931–1932).
22. 5.1931	„Eine Liebesgeschichte" (fünf Linolschnitte); für Margrit Heuberger (Brenner).
1932/1933	Bleischnitte für den „Basler Vorwärts".
1932	„Proletarische Kunst" (15 Linolschnitte).

30. 1. 1933 Hitler und die NSDAP übernehmen die Macht in Deutschland.

März 1933	Letzter Aufenthalt in Berlin; bei der Flucht in die Schweiz knapp der Verhaftung durch die Gestapo entgangen; Verlust zahlreicher Arbeiten und Dokumente; illegal in der Schweiz, daher Wahl des Pseudonyms „Clément Moreau".
	Freundschaft und Bekanntschaft mit Nelly Guggenbühl, Ignazio Silone, Fritz Brupbacher, Marianne Kater, Richard Paul Lohse, Georg Schmidt, Emil und Hans Oprecht u. a.
	Mitarbeit am „Öffentlichen Dienst" (Schweizerisches Gewerkschaftsorgan). Illustrationen und Buchumschläge für den Verlag Oprecht und Helbling, Zürich.
26.3.1935	Abreise ins argentinische Exil, um der drohenden Verhaftung zu entgehen.

1935–1961 Argentinien

1935	Heirat mit Nelly Guggenbühl
	Freundschaft und Bekanntschaft mit der Familie von August Simsen.
1935–1937	Mitglied der „Agrupacion de Intelectuales, Artistas, Periodistas y Escritores" (A.I.A.P.E.)
	„Wer Wind sät, wird Sturm ernten", 31 Zeichnungen und Linolschnitte, hauptsächlich zum Spanischen Bürgerkrieg.
1936	Geburt der Tochter Argentina.

1937	„20 Grabados", 20 Linolschnitte, zu literarischen Themen. „Mein Kampf", Tuschzeichnungen zu Hitler.
1937/38	„La comedia humana" oder „Nacht über Deutschland", 107 Linolschnitte; Erstveröffentlichung im „Argentinischen Tageblatt" und in „ARGENTINA LIBRE, 1940; eines der wichtigsten Werke antifaschistischer Exilkunst.

1939–1945 2. Weltkrieg

1938	Gründet die antifaschistische Theatergruppe „Truppe 38". „Contra", 30 antifaschistische Tuschzeichnungen und Linolschnitte mit einem Vorwort von Dr. August Simsen. Die Deutsche Botschaft verlangt vergeblich beim argentinischen Außenministerium ein Verbot der Anti-Hitler-Zeichnungen von Clément Moreau. Geburt des Sohnes Claudio.

1943–1955 Peron übernimmt mit der Armee die Macht in Argentinien

1943	Verwahrung in der Provinz Jujuy als Tourismusexperte.
Seit 1943	Zahlreiche Zeichnungen, Linolschnitte und Gemälde über das Leben der Indios. Gebrauchsgrafische Arbeiten.
1949	Wegen Mitarbeit in antiperonistischen Organisationen Verbannung nach Patagonien. Flucht und ein Jahr Exil in Montevideo (Uruguay).
1959-1961	Aufenthalt in der Provinz El Chaco. Tätigkeit im Erziehungs- und Gesundheitswesen, Dozent an der Universität in Resistencia.
1960	„Argentina", 12 Linolschnitte über das Leben der Indios.

1961–1988 Schweiz

1961	Reise in die Schweiz
1962	Durch die Machtergreifung der Militärs in Argentinien erzwungene Rückkehr in die Schweiz. Lebte danach in St. Gallen und Zürich. Ist als Theaterzeichner tätig, Zeichenlehrer an der Fach- und Kunstgewerbeschule in St. Gallen. Freundschaft mit Margrit Brenner.
1978	Nach mehreren kleineren Ausstellungen erste umfassende Ausstellung im Kunstamt Kreuzberg, Berlin-West, organisiert von

	einer Arbeitsgruppe der „Neuen Gesellschaft für bildende Kunst", Berlin/Zürich.
	Auszeichnung der Stadt St. Gallen für kulturelles Schaffen.
1979	„Die Brücke im Dschungel" von B. Traven, 21 Linolschnitte; Mit einem Vorwort von Guido Magnaguagno.
1983	Kulturpreis der Stadt Koblenz.
	„Annie die Wäscherin" von Alfred Hutchinson, sieben Linolschnitte.
1984	Gründung der „Stiftung Clément Moreau".
1987	Kulturpreis des Schweizerischen Gewerkschaftsbundes, mit Emil Zbinden zusammen.
1988	Mit Ausstellungen und Diavorträgen ehrt man den 85. Geburtstag von Clément Moreau.
	Ehrengabe des Zürcher Kunstkredites.
	Kulturpreis des Deutschen Gewerkschaftsbundes, zusammen mit Bettina Eichin.
27. 12 1988	Clément Moreau stirbt in Sirnach.

Bildnachweis

EMG: 1

Stiftung Clément Moreau: („Erich Mühsam zum Gedächtnis") U1, 1, 9–115, 119, 127, 128

Privatbesitz (Nachlass Emil Zbinden): 132, 133

Vielen Dank für die Genehmigung des Drucks der Abbildungen.

Erich-Mühsam-Gesellschaft e. V., Lübeck

1. Buddenbrookhaus, Mengstr. 4, 23552 Lübeck
2. Sabine Kruse, Charlottenstr. 23, 23560 Lübeck
www.erich-muehsam-gesellschaft.de
www.buddenbrookhaus.de
eMail: info@buddenbrookhaus.de

Längst überfällig war sie. Seit dem 111. Geburtstag am 6.4.1989 existiert sie und soll mit **Ihrer** Unterstützung lebendige Arbeit leisten.

Aufgabe der Erich-Mühsam-Gesellschaft ist es, das Andenken des Schriftstellers zu erhalten, in seinem Geist die fortschrittliche, friedensfördernde und für soziale Gerechtigkeit eintretende Literatur zu pflegen und seine Absage an jede Unterdrückung, Gewalt und Diskriminierung von Minderheiten für die Gegenwart zu nutzen.
Unsere Pläne:

- Aufbau eines Archivs in Lübeck
- Schaffung eines Erich-Mühsam-Museums in Lübeck
- Lesungen und Inszenierungen
- Vorträge und Seminare
- Förderung der wissenschaftlichen Forschung
- Herausgabe weiterer Hefte der Schriftenreihe und des Magazin
- Vergabe eines Erich-Mühsam-Preises

Ein früherer Lübecker Bürgermeister hat – bezogen auf Thomas und Heinrich Mann sowie Erich Mühsam – gesagt: „Dass die auch gerade alle aus Lübeck sein müssen – was sollen die Leute im Reich von uns denken!" Nun – die Brüder Mann mussten emigrieren, Mühsam wurde auf grausame Weise 1934 im KZ Oranienburg ermordet. Das „Reich" ging kaputt ...

Der Schriftsteller, Dramatiker, Bänkelsänger, Lyriker, Zeichner, Essayist, antimilitaristische Agitator und Journalist Erich Mühsam gehört zu den bedeutendsten und vielseitigsten kritischen Talenten Deutschlands im frühen 20. Jahrhundert. Es gilt, diesen wichtigen Sohn Lübecks, der für Frieden und Freiheit kämpfte, in das Bewusstsein der Öffentlichkeit zu bringen.

Die Erich-Mühsam-Gesellschaft e. V. ist vom Finanzamt Lübeck nach § 5, Abs. 1 Nr. 9 KstG mit Steuernummer 662-HL als gemeinnützig anerkannt.

Stiftung Clément Moreau, Zürich

Carl Meffert (Taufname: Karl Joseph M.; Künstlername: Clément Moreau) gründete mit seiner Frau Nelly Meffert-Guggenbühl, seiner Tochter Argentina Meffert, seinem Sohn Claudio Meffert und Margherita Brenner im Jahre 1984 in Zürich die Stiftung Clément Moreau.

Der Zweck der Stiftung

Die Stiftung wurde gegründet im Sinne der Arbeit von Clément Moreau und jener Maler und Grafiker, die mit ihrem Werk einen Beitrag zum Kampf gegen Unterdrückung und zur Befreiung des Menschen erbringen.

Die Stiftung bezweckt:

- das Werk Clément Moreaus zu erhalten und der Öffentlichkeit in Ausstellungen, Publikationen und in anderer Weise zugänglich zu machen
- Künstler zu unterstützen, die den Idealen der Stiftung nahe stehen und
- mit anderen Institutionen Informationen und Bildmaterial leihweise auszutauschen und der Öffentlichkeit bekannt zu machen.

Stiftungsrat

Argentina Meffert, St. Gallen; Claudio Meffert, Madrid; Vanina Huber, St. Gallen; Daniel Huber, St. Gallen; Eva Korazija, Zürich; Guido Magnaguagno, Vizepräsident, Zürich; Marco Mona, Zürich; Martin Zingg, Basel; Thomas Miller, Präsident, Zürich; Judith Hossli, Stäfa; Ursina Klauser, Winterthur.

Ehrenmitglieder: Elvira und Horst Vogeler, Fischerhude in Deutschland

Kontakt

Stiftung Clément Moreau, c/o Thomas Miller, 8006 Zürich, Schweiz
meffert@clement-moreau.ch
http://www.clement-moreau.ch

Das Stiftungsgut befindet sich:
Schweizerisches Sozialarchiv, 8001 Zürich, Schweiz
http://www.sozialarchiv.ch

www.ingramcontent.com/pod-product-compliance
Lightning Source LLC
Chambersburg PA
CBHW070248230526
45470CB00002B/516